R 활용

시각화를 이용한 데이터 정보분석

이동수 · 장인홍 지음

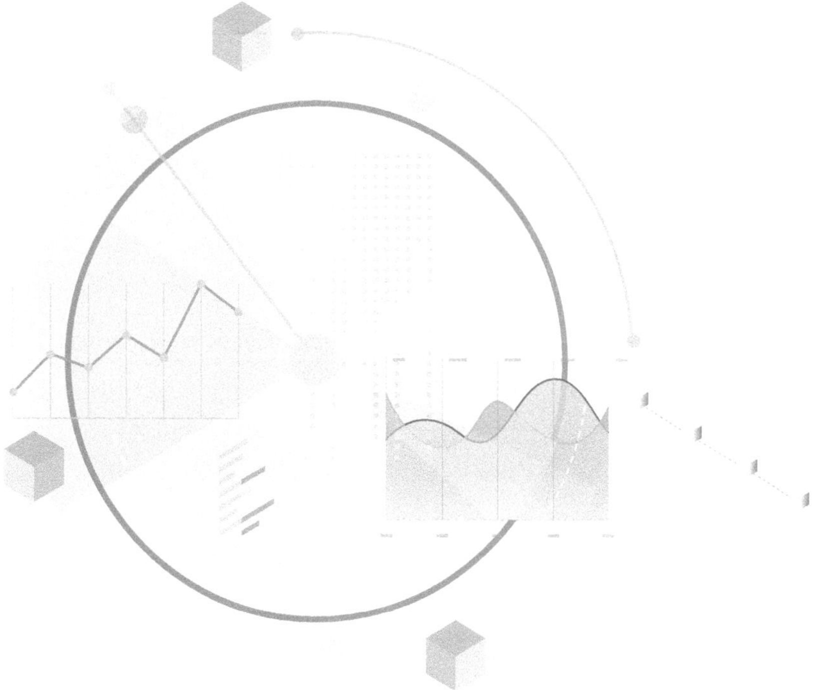

자유아카데미

머리말

정보분석은 다양한 자료를 통해 필요한 가치를 도출시키는 것을 말하며, 이것은 빅데이터에 기반한 4차 산업혁명 시대에 매우 중요한 의미를 지닌다. 다양한 데이터를 바탕으로 도출된 결과는 공공정책이나 민간사업을 결정하는 역할을 하며, 최근에는 이러한 정보분석을 통해 의사결정을 '지원하는' 시스템에서 '결정하는' 시스템으로 패러다임이 변화하고 있다. 비정형데이터인 텍스트, 이미지, 영상자료 등을 활용한 정보분석 방법은 지속해서 발전하고 있으며, 대표적인 방법으로 시각화를 통한 정보분석 활용을 들 수 있다.

4차 산업혁명의 핵심인 데이터에 대한 기본적인 지식을 습득하고 다양한 데이터를 활용한 정보분석 방법을 학습한다면, 실무분야에서 효율적이고 합리적인 의사소통과 의사결정을 할 수 있으므로 업무수행에 있어 그 활용가치가 매우 높다고 할 수 있다. 여기에 복잡한 통계학적 모형이나 수학적 지식 없이도 다양한 데이터를 간단한 수치, 그림, 도표, 시각화 기법을 이용하여 데이터를 분석하고 활용할 수 있는 역량을 향상시킬 수 있다.

본 교재는 4차 산업혁명 시대에 데이터를 기반한 정보분석 활용을 개괄적으로 이해할 수 있게 집필하였으며, 학습의 효율성을 극대화하기 위해 데이터 분석 도구인 오픈소스 R 패키지를 이용하였다. 데이터에 대한 기본지식을 공부하고, R을 통해 실제 데이터를 활용하여 직접 데이터를 분석함으로써 현장에서의 실무능력을 증진시키고, 더 나아가 각자의 업무영역에서 얻어진 실제 데이터를 분석하고 해석하는 능력을 배양할 수 있도록 구성하였다. 저자가 의도한 대로 공부하고 나면, 데이터 분석 소프트웨어를 이용하여 각자의 전공 분야에서 얻은 실제 데이터를 자료입력에서부터 처리 및 해석, 시각화하는 데에 큰 무리가 없을 것이다.

본 교재는 학습대상자와 환경을 고려하여 크게 '데이터 기반 정보분석 기초' 부분과 '데이터 기반 정보분석 응용' 부분으로 구분할 수 있다. 앞부분의 데이터 기반 정보분석 기초(1 ~ 8장)에서는 데이터와 정보분석 개요, 정보분석 활용사례, 데이터 분석도구 R 설명, 데이터 관리와 코딩방법, 텍스트를 이용한 정보분석, 데이터 특성을 이용한 정보분석, 공간맵을 이용한 정보분석 등을 공부한다. 뒷부분의 데이터 기반 정보분석 응용(9 ~ 11장)에서는 학습자들의 다양한 전공분야에 대한 정보분석 활용능력을 다룬다. 공공데이터를 활용한 정보분석, 문화관광데이터를 활용한 정보분석, SNS 데이터를 활용한 정보분석을 공부하며, 실제 현장의 실무에서 다루는 데이터를 중심으로 구성하였다.

본 교재의 부족한 부분을 보완하고 수정하기 위해 노력하고 있으며, 미흡한 부분은 추후 보완하고자 한다. 본 교재를 이용하는 여러분의 지속적인 조언과 충고를 바란다. 책에 사용되는 예제 데이터와 출간 후 나올 수 있는 수정사항 등은 자유아카데미 홈페이지(www.freeaca.com) 자료실을 통해 제공할 예정이다.

마지막으로 본 교재의 편집과 출판을 위해 노력해 주신 자유아카데미에 감사의 말씀을 전한다.

2020년 2월

저자 드림

차례

제7장
데이터 특성을 이용한 응용 정보분석 87

제8장
공간맵을 이용한 정보분석 121

제9장
공공데이터를 활용한 정보분석 145

제10장
관광데이터를 활용한 정보분석 171

제11장
SNS 데이터를 활용한 정보분석 195

제1장

데이터와 정보분석

1.1
데이터 개요

1) 데이터의 의의

자료를 분석하는 처음 단계는 원하는 자료를 준비하는 것이다. 그러기 위해서 분석가는 분석하고자 하는 자료가 어떠한 형태로 구성되어야 하는지 우선 파악하여야 할 것이다. 자료는 크게 질적 자료와 양적 자료로 나뉜다. 질적 자료(qualitative data)는 범주형 자료(categorical data)라고도 하는데 원칙적으로 숫자로 표시될 수 없는 자료를 가리킨다. 예를 들어 성별자료를 '남=1, 여=2'라고 입력하였다고 하자. 여기서 숫자는 남녀를 구분하기 위하여 명목상 입력하는 것이지 숫자적으로는 의미가 없다. 양적 자료(quantitative data)는 자료 자체가 숫자로 표현되어 있으며 질적 자료와는 달리 자료의 속성을 그대로 반영한다. 그 예로는 몸무게, 키 등이 있다. 양적 자료에서 셀 수 있는 자료는 이산형 자료(discrete data), 셀 수 없는 자료는 연속형 자료(continuous data)라고 한다.

수집된 자료는 관심의 대상이 되는 특성을 측정한 결과로, 이처럼 관측되는 특성을 변수(variable)라고 한다. 예를 들어 설문조사의 각 문항내용이 변수가 될 수 있으며, 질문에 대한 답변 항목들은 관측값(observation)이 된다. 즉, 성별이라는 변수는 남자는 1, 여자는 2의 관측값을 갖고, 몸무게라는 변수는 각 조사대상자의 몸무게 수치를 관측값으로 갖게 된다. 성별과 같이 질적 자료값을 갖는 변수를 질적 변수(qualitative variable)라고 하고 키와 몸무게와 같이 양적 자료값을 갖는 변수를 양적 변수(quantitative variable)라고 한다.

2) 데이터 유형

수집 대상 데이터 유형을 분류하고 데이터 포맷 등을 확인한다. 데이터 유형에는 정형(Structured) 데이터, 반정형(Semi-structured) 데이터, 비정형(Unstructured) 데이터 등 3가지로 구분할 수 있다. 다음 내용은 데이터 유형에 따른 특징을 정리한 것이다.

유형	특징	데이터 종류
정형 데이터	• RDBMS의 고정된 필드에 저장 • 데이터 스키마 지원	RDB, 스프레드시트
반정형 데이터	• 데이터 속성인 메타데이터를 가지며, 일반적으로 스토리지에 저장되는 데이터 파일 • XML 형태의 데이터로 값과 형식이 다소 일관성이 없음	HTML, XML, JSON, 웹문서, 웹로그, 센서 데이터
비정형 데이터	• 언어 분석이 가능한 텍스트 데이터 • 형태와 구조가 복잡한 이미지, 동영상 같은 멀티미디어 데이터	소셜 데이터, 문서, 이미지, 오디오, 비디오

출처: Gartner, Credit Suisse 데이터 분류체계를 재구성

3) 데이터 측정 수준

(1) 측정의 의의

측정이란 관심의 대상이 되는 것의 성질이나 특성을 나타내기 위하여 일정한 값을 부여하는 것이다. 측정대상의 특성(properties)에는 양적 방법과 질적 방법이 있다. 일반적으로 양적 측정방법이 질적 측정방법보다 더 높은 수준의 측정이 가능하다.

(2) 측정의 척도

① **명목척도(nominal scale)** - 분류를 위해 사용되는 척도

명목 수준의 측정(nominal level measurement)이란 측정 대상의 특성을 종류별로 구분하는 것이다. 명목 수준의 측정에서는 변수값을 숫자로 나타낸다고 하더라도 그 값이 크고 작음을 나타내지는 않고 분류만을 구분한다. 즉, 사람의 성별이나 직업, 종교 등을 나타낼 때 사용하는 측정방법이다. 일반적으로 성별, 직

업, 결혼 여부, 거주 지역 등 응답자의 특성에 대한 정보나 상표의 구분, 판매지역의 구분, 상표의 인지여부 등이 명목 수준의 측정이다. 분류란 요인들을 어떤 등급(class)에 할당하거나 쉽게 식별할 수 있도록 이들 요인들에 숫자를 부여하는 것을 말한다.

② **서열척도(ordinal scale)** - 서열 결정과 대소(大小)의 의미를 부여하는 척도(순위척도)이다. 서열 수준의 측정(ordinal level measurement)이란 측정대상을 그 속성에 따라 분류하여 측정대상 간의 상대적 순서 또는 서열을 부여하는 것이다. 즉, 서열 수준의 측정은 명목척도가 가진 속성 이외에 크기의 크고 작은 순서나 양의 많고 적은 순서에 따라 여러 개의 범주로 나누어 이들을 서열화할 수 있다. 정확하게 정량하기 어려운 응답자의 태도, 상표에 대한 선호도, 석차 등의 측정에 이용된다. 서열 수준의 측정에서는 서열 간의 간격을 알 수 없으며 그 간격이 일정하지 않다. 순위척도는 주로 중앙값, 서열 상관관계, 서열 간의 차이분석 등에서 많이 사용되는 측정척도이다.

③ **등간척도(interval scale)** - 측정대상 간 간격의 동등성을 부여하는 척도(구간척도)이다. 등간 수준의 측정(interval level measurement)은 측정대상을 속성에 따라 서열화하며, 서열 간의 간격이 동일하도록 수치를 부여하는 것이다. 등간척도는 섭씨나 화씨온도, IQ, 서기 연도, 물가 지수, 생산성지수 등의 지수측정에 많이 이용된다.

등간 수준의 측정은 명목척도와 서열척도의 의미를 포함하며 숫자 간의 간격이 산술적 의미를 가진다. 등간 수준의 측정에서는 '절대적 의미의 0'이 존재하지 않는다. 등간 수준으로 측정된 측정값들은 각 수치 간의 차이가 동등하다. 등간척도는 주로 범위의 계산, 평균값, 표준편차, 상관계수 등에서 많이 사용되는 측정척도이다.

④ **비율척도(ratio scale)** - 측정값 사이의 비율 계산이 가능한 척도(비척도)이다. 비율수준의 측정(ratio level measurement)은 사물이나 현상을 분류하고(명목 수준), 서열을 정할 수 있으며(서열 수준), 측정요인 간의 간격을 측정(등간 수준)할 수 있을 뿐만 아니라 현실과 일치하는 절대적인 '0'을 측정할 수 있다. 절대적 '0'의 존재로 인해 비율 수준의 측정에서는 하나의 값이 다른 값보다 몇 배

더 큰가를 표시할 수 있다. 비율측정의 예로는 소득액, 교육 수준, TV 시청률, 투표율, 가격, 저축액, 생산원가, 매출액 등을 들 수 있다. 비율척도는 비율측정으로 얻어진 자료는 모든 정보 분석방법이 가능한 측정척도이다.

4) 데이터 변수

(1) 양적 변수와 질적 변수

양적 변수(quantitative variable)는 수치로 표현 가능한 변수를 말하며, 이를 관찰, 측정한 자료를 포함한다. 질적 변수(qualitative variable)는 수치로 표현 불가능한 변수를 말하며 이를 관찰, 측정한 자료를 포함한다.

(2) 이산변수와 연속변수

이산적 변수(discrete variable)란 셀 수 있는 이산적인 특정한 수치만을 사용할 수 있는 변수이다. 연속적 변수(continuous variable)란 셀 수 없는 연속적인 실수값으로 나타낼 수 있는 변수이다.

1.2 정보분석 개요

1) 정보분석 개념

정보분석은 다양한 자료를 통해 필요한 가치를 도출시키는 것을 의미한다. 최근의 빅데이터에 기반한 4차산업혁명의 시대에 정보분석은 더욱더 중요한 의미를 지닌다. 다양한 데이터를 기반으로 한 결과는 정책이나 사업을 결정하는 데 중요한 역할을 한다. 과거 자료분석을 통해 의사결정을 지원하는 시스템에서 이제 의사결정을 결정하는 시스템으로 패러다임이 변화하였다. 비정형 데이터인 텍스트나, 이미지, 영상 자료 등을 활용한 정보분석 방법은 지속적으로 발전하고 있다. 대표적인 방법으로 시각화를 통한 정보분석 활용을 들 수 있다.

시각화의 분류체계에 대한 일반적인 정의는 생물학에서 비롯되었고, 비슷한 특성을 공유하는 요소들을 모아 그룹을 만드는 것을 의미한다. 요소는 차트 유형이고 이들이 공유하는 특성은 데이터를 표현하는 주요 기능들이다. 시각화 디자인에 담긴 의도를 명확하게 하기 위해서는 데이터가 본연적으로 담고 있는 내용을 보여주는 데 가장 적절한 방법을 찾는 것부터 시작해야 한다. 어떻게 보여줄 것이며, 무엇을 이야기하고 싶은가? 각각의 방법이 제공하는 주요 의사소통 목적은 다음과 같다.

종류	의사소통 목적
범주 비교	범주형 값의 상대적 크기와 절대적 크기를 쉽게 비교하기 위해 사용한다. 예) 막대 그래프(bar chart)
부분과 전체의 관계에 대한 접근	값의 모집단 또는 계층 구조의 구성요소로 범주형 값의 관계를 분석하여 제공한다. 예) 파이 차트(pie chart)
시간에 따른 변화	지속적인 기간을 통해 시간 데이터를 이용하고 변화 추세와 값의 패턴을 보여준다. 예) 라인 차트(line chart)
연결과 관계 구성	다변량 데이터 사이에 존재하는 연관성 분포와 패턴을 평가하기 위해서이다. 이 종류의 솔루션은 가장 복잡한 시각적 솔루션을 반영하며, 일반적으로 탐색적 분석을 용이하게 한다. 예) 산점도(scatter plot)

적절한 방법을 선택한 후, 데이터 표현 선정 과정의 다른 핵심 요소를 통해 작업을 시작하면 된다. 다음과 같은 요인들을 고려하여 가장 적합한 특정 차트 유형이나 그래픽 방식을 찾을 수 있도록 한다.

① 데이터의 물리적 특성을 잘 표현하는가?

② 시각화를 통해 전달하는 주제를 원하는 수준만큼 정확하게 나타낼 수 있는가?

③ 주제의 표현과 디자인적 일관성을 전달할 수 있는가?

주요 묘사 방법에 따른 차트 유형을 구성하려는 시도는 새로운 것이 아니다. 제시된 분류는 데이터 변수, 시각 변수와 차트 프레임워크 사이의 관계에 대한 생각을 조직화하는 논리적인 방법이다. 제시된 차트 유형의 대부분은 데이터를 표현하는 데 있어 다수의 특징을 보유하며, 하나 이상의 분류 방법에 속할 수 있다는 점에 주의해야 한다. 예를 들어 영역차트는 시간에 따른 변화를 보여주고, 범주 간의 비교도 가능하다. 차트가 다수의 특징을 갖고 있을 경우 1차적인 특징을 기준으로 차트 유형을 분류했기 때문에, 이 경우 영역 차트가 갖는 1차적 특징인 시계열적 속성을 기준으로 하여 시간에 따른 변화 범주로 분류될 것이다.

2) 정보분석 방법

(1) 시각화를 이용한 정보분석

시각화는 정형 데이터나 비정형 데이터에서 수집한 자료의 정리, 표현, 요약, 해석 등을 통해 자료의 특성을 규명하는 것이다. 특히 일정한 모양의 표나 그림 등으로 표현함으로써 데이터의 특성을 쉽고 간명하게 나타낼 수 있다. 막대도표, 원도표, 파레토도표, 모자이크도표, 히스토그램, 줄기-잎 그림, 상자그림, 산점도 행렬 등이 대표적이다. 이외에 시각화 응용 차원에서 예를 들면 해바라기산점도, 심볼(symbols)도표, 어소시에이션(association)도표, 포폴드(fourfold)도표, 조건부(conditioning)도표, 투시도도표 등이 있다. 또한 공간맵을 이용한 정보분석을 통해 국가별 지도, 도시별 지도, 지구본에서 지역 지도, 전국 시도 인구분포도 등으로 나타낼 수 있다.

(2) 기술통계를 이용한 정보분석

기술(記述)통계는 측정이나 실험에서 수집한 자료의 정리, 표현, 요약, 해석 등을 통해 자료의 특성을 규명하는 통계적 방법으로, 분석방법에 따라 여러 가지가 있다. 단순한 평균과 분산 등의 분석 이외에, 모집단에서 어떤 요인들이 있는지 추출하는 요인분석, 특정표본이 어떤 모집단에 속하는지(원 모집단을 어떻게 여러 집단으로 나눠야 하는지) 판단하는 판별분석, 두 요인 간의 상호관계에 대한 정준상관분석, 요인들의 숫자를 줄여 단순화하는 주성분분석, 그 외 군집분석 등 다양한 분석방법이 있다.

(3) 추론통계를 이용한 정보분석

추론통계는 기술통계로 어떤 모집단에서 도출한 표본정보를 가지고 그 모집단의 특성 및 가능성 등을 추론해내는 통계적 방법이다. 수집된 자료는 어떻게 분석해야 할지 미리 정해져 있는 경우가 많다. 획득한 자료(모집단)를 가지고 여러 그래프를 그리는 중에 또 다른 별개의 분석방법을 추가로 채택할 필요성을 느끼게 되는 경우도 많이 있다. 이는 모집단에 대한 전체적 조감을 해보고 또 다른 분석방법을 모색해 보는 과정에 해당한다. 추론통계는 기술통계량을 바탕으로 분석한다. 모든 사람을 대상으로 검사를 하는 것은 비합리적이다. 대규모 집단을 가지고 연구하는 것이 소수의 집단을 가지고 연구하는 것보다 훨씬 비경제적이고 비효율적이기 때문이다. 추론통계는 기술통계량의 정확성을 유지하는 분석으로서 사용한다. 보통 일반적인 추론은 실험결과가 기존의 방식, 또는 다른 변수 간 비교 등에서 차이점이 유의한지를 검증하는 것이다.

추론통계의 예로 T-test, 분산분석, 상관분석, 회귀분석 등이 있다. 예를 들어 상관분석은 변수들 간의 상관관계(correlation) 정도를 알아보기 위한 분석기법으로 관계의 정도를 지수로 나타내며, 이 지수를 상관계수(correlation coefficients)라고 한다. 상관관계는 변수와 변수 간의 관계에서 모두 서열척도 이상일 경우에 사용이 가능하다. 상관관계를 통해 회귀분석 결과에 대한 예측을 할 수 있으며, 인과관계가 아닌 경우에도 상관관계를 구할 수 있다. 등간, 비율척도의 경우, 즉 연속형 변수에서는 피어슨 상관관계 계수를 구하며, 서열척도가 하나라도 포함되어 있으면 스피어만 상관관계 계수를 구한다. 추론통계의 예로는 이외에도 요인분석, 주성분분석 등을 들 수 있다.

(4) 텍스트 마이닝을 이용한 정보분석

비정형 데이터(unstructured data)란 일정한 규격이나 형태를 지닌 숫자 데이터(numeric data)와 달리 그림이나 영상, 문서처럼 형태와 구조가 다른 구조화되지 않은 데이터를 말한다. 비정형 데이터의 사례로는 책, 잡지, 문서, 의료 기록, 음성 정보, 영상 정보와 같은 전통적인 데이터 이외에 이메일, 트위터, 블로그처럼 모바일 기기와 온라인에서 생성되는 데이터를 들 수 있다.

가장 대표적인 비정형 데이터로는 문서가 있다. 문서에는 문자가 가장 많은 비중을 차지하고 있지만 숫자와 도표, 그림도 포함하고 있다. 이러한 문서 정보는 정보의 관점에서 보면 유형이 불규칙하고 의미를 파악하기 모호해서 기존의 컴퓨터 처리방식을 적용하기 어렵다. 기존의 컴퓨터 시스템은 연산과 처리 절차가 숫자 데이터 중심으로 설계되어 있으므로 이름이나 성별과 같은 문자 변수는 숫자로 변환해 처리하는 방법을 주로 사용하였다. 그러나 이런 방법은 트위터나 블로그처럼 모바일과 온라인에서 생성되는 대규모의 비정형 데이터에 적용하는 것이 불가능하다. 비정형 데이터는 불규칙 정도에 따라 반정형 데이터(semi-structured data)로 구분하기도 한다.

텍스트 마이닝(text mining)이란 대규모의 문서(text)에서 의미 있는 정보를 추출하는 것을 말한다. 분석 대상이 비구조적인 문서정보라는 점에서 데이터 마이닝과 차이가 있으며, 텍스트 분석(text analytics), 텍스트 데이터베이스로부터 지식발견(KDT, Knowledge Discovery in Textual Database), 문서 마이닝(document Mining) 등으로 불리기도 한다.

텍스트 마이닝은 정보검색, 데이터 마이닝, 기계학습(machine learning), 통계학, 컴퓨터 언어학(computational linguistics) 등이 결합된 학제적(interdisciplinary) 분야이다(Han et al, 2011). 또한, 분석 대상이 형태가 일정하지 않고 다루기 힘든 비정형 데이터이므로 인간의 언어를 컴퓨터가 인식해 처리하는 자연어 처리(NLP, natural language processing) 방법과 관련이 깊다. 구체적으로 문서분류(document classification), 문서군집(document clustering), 메타데이터 추출(metedata extraction), 정보추출(information extraction) 등으로 구분한다(Witten et al., 2011).

(5) 데이터 마이닝을 이용한 정보분석

데이터 마이닝(data mining)은 여전히 새로운 영역이며, 진화를 거듭하고 있다(Galit ShmueliI et al., 2011). 1995년도에 지식발견 및 데이터 마이닝(KDD: Knowledge Discovery and Data mining) 국제학술대회가 처음 개최된 이후, 데이터 마이닝에 대한 정의는 다양하게 제시되고 있다. 통상적으로 데이터베이스(database), 데이터 웨어하우스(data warehouse), 데이터마트(data mart) 등 자료(데이터) 저장소에 저장되어 있는 방대한 양의 데이터로부터 의사결정에 도움이 되는 유용한 정보를 발견하는 일련의 작업들의 집합을 의미한다. 데이터 마이닝은 다각적으로 정의되었는데 다음은 각 학자 혹은 기업들이 데이터 마이닝을 어떻게 정의하였는지 알 수 있는 말들이다.

데이터 마이닝의 주요 6가지 기법 중에서 Classification(분류), Estimation(추정), Prediction(예측) 등이 목표지향(defined) 방법이며, Grouping(유사행태 집단화) or Associatioon Rules, Clustering(군집화) 등은 목표불명(undefined) 방법이다. 마지막으로 Profiling(서술/설명 등의 기초분석)은 목표지향과 목표불명에 모두 해당한다고 할 수 있다.

제2장

정보분석 활용

2.1
공간맵을 이용한 정보분석

경기도 광명시가 공간정보 빅데이터 분석 시스템을 개발해서 행정업무에 적용하였다. 또한, 원하는 영역의 인구 통계를 한 번에 구할 수 있는 기능도 최초로 개발하였다. 100여 가지 분야의 데이터를 서로 조합해 실제 데이터를 근거로 정확한 행정 서비스를 할 수 있게 된 것이다. 광명시는 CCTV 설치 장소를 선정하는 데에 이 시스템을 적용하였으며 심야에 20~30대 여성이 많이 다니는 골목길을 한 번에 찾을 수 있어 시민 안전, 보육, 복지 서비스 향상에 큰 도움이 될 것으로 전망하였다. 광명시 관계자는 "하반기부터는 지역 소상공인의 경제에 도움이 될 수 있는 '골목상권 배후지 인구 통계 서비스'를 제공할 예정"이라며 "치킨집, 미용실, 슈퍼마켓 등을 운영하는 자영업자들은 이 서비스를 통해 주변 지역의 성별, 연령별 예상 고객을 알 수 있게 돼 매출 증가에 큰 도움을 얻을 수 있을 것"으로 기대하였다.

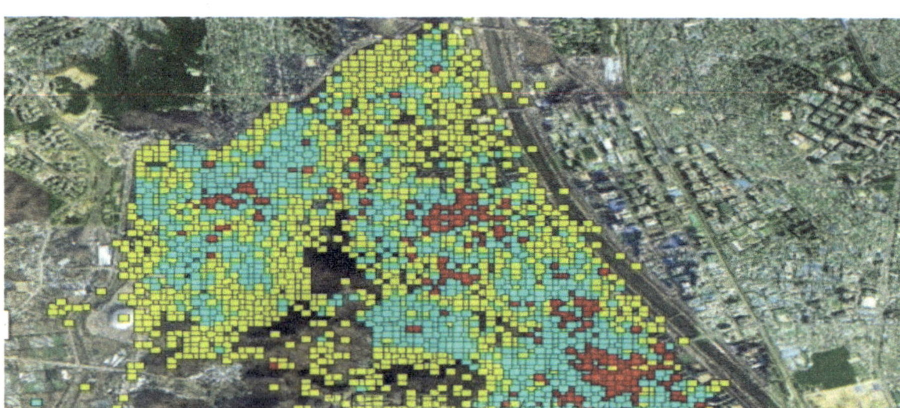

출처: http://biz.heraldcorp.com/village/view.php?ud

2.2

인공지능 활용 정보분석

딥러닝의 가장 중요한 역할은 '학습에 의한 예측'이다. 사람의 경우에는 학습을 해도 어느 시점부터는 잊어버리지만, 기계의 경우에는 학습되어 저장된 것을 잊어버리지 않는다. 학습한 것을 모두 기억한다면 조만간 인간보다 더 똑똑한 인공지능이 나타날 수 있을 것이고 학습시간도 상상할 수 없을 만큼 인간보다 빠를 것이다.

아래 그림을 살펴보면, 딥러닝의 학습을 위해서는 반드시 학습 데이터가 제공되어야 한다. 최근에 딥러닝 연구가 활발해진 가장 큰 이유 중의 하나는 빅데이터를 학습 데이터로 제공하기 때문이다.

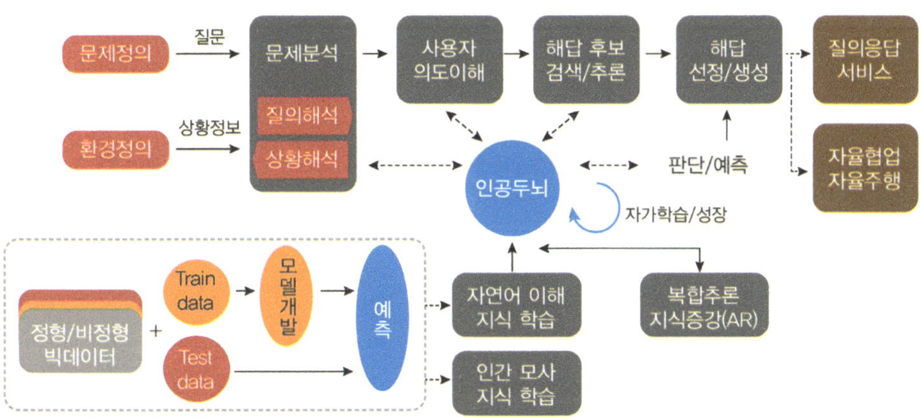

최근 컴퓨터와 정보통신기술의 발달로 인공지능이 활발히 연구되고 있는데, 인공지능(Artifical Intelligence)이라는 말은 1956년 "다트머스(Dartmouth)회의"에서 처음 사용하였다. 인공지능은 1950년 후반에서 1960년대까지 컴퓨터가 검색과 추론을 실행하면서 기대가 높아졌지만, 직접적인 문제해결에 도움이 되지 않아 1970년대까지 침체기에 접어들었다. 1980년대부터 1995년까지 전문가시스템이 향상되면서 2차 인공지능 연구가 다시 활성화되었으며 컴퓨터 성능향상으로 실용화 및 상업화가 가능하게 되었다. 하지만 지식기반에 의한 축적이 인간에 의해 이루어지면서 점차 쇠퇴하였다. 그러다 2010년대에 인터넷 시대가 본격화되면서 대용량의 컴퓨터 시스템이 가능하게 되었고, 딥러닝을 통한 인공지능 기술도 진화하게 되면서 비정형 데이터를 활용한 현실적인 문제해결이 가능하게 되었다.

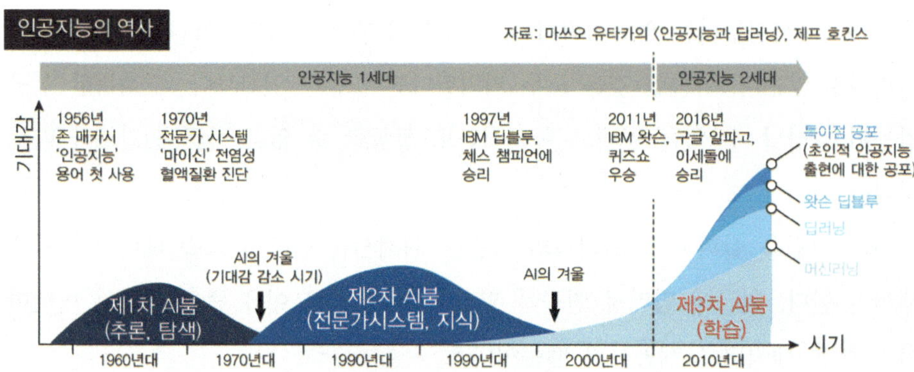

인공지능 역사(출처: 한겨레신문, 2017.01.09.)

2.3
의료데이터를 이용한 정보분석

국민건강보험공단이 보유하고 있는 데이터 중 민간으로부터의 개방요구가 높은 항목을 중심으로, 개방된 공공데이터를 통해 분석하는 것이다. 국가중점 개방데이터는 국민건강공단이 국민건강보험가입자 역할을 수행함에 따라 축적된 국민건강보험자의 진료내역정보, 의약품처방정보, 건강검진정보 등이다. 국민건강보험공단에서는 국민건강정보 자료를 활용한 정책 및 학술연구를 위해 NHISS를 운영한다.

다음은 국민건강보험공단에서 강원도의 전수 데이터를 분석한 것으로, 국민건강보험공단 맞춤형 DB 정보제공 자료를 바탕으로 분석한 빅데이터 결과이다(출처: 의료 빅데이터를 활용한 강원도 빅데이터 분석에 관한 연구, 강원연구원, 2017.12).

1) 지역의 주요 질병 유병률을 빈도분석으로 표현

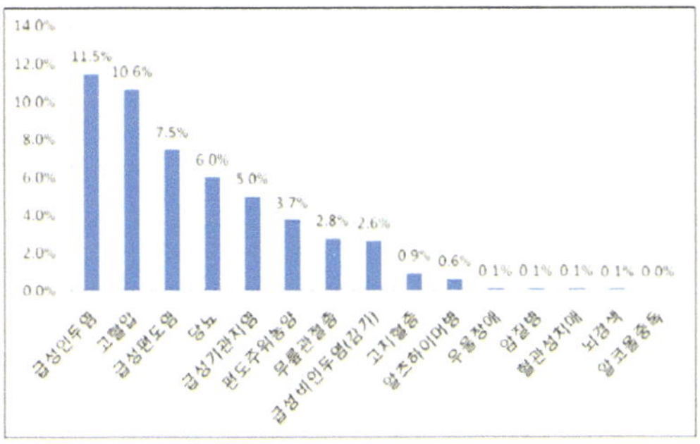

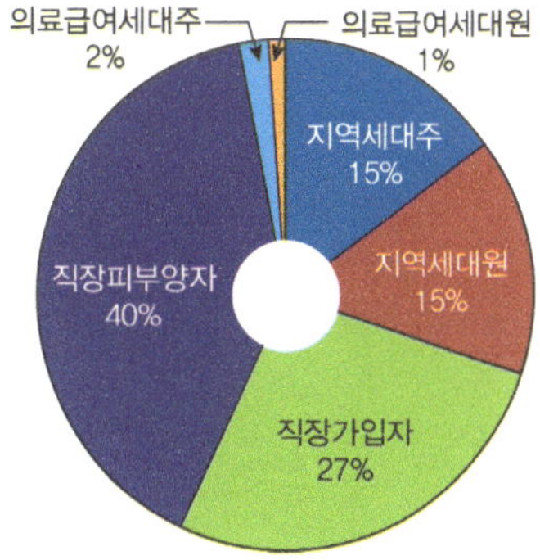

0분위에 대한 강원도 지역별 비중을 살펴보면 전체 평균은 14.3%이며, 동해, 정선, 고성, 평창, 화천 및 인제 지역은 0분위 비중이 평균 이상으로 나타났다. 즉 상대적으로 소득이 없는 사람이 많은 것으로 나타났다.

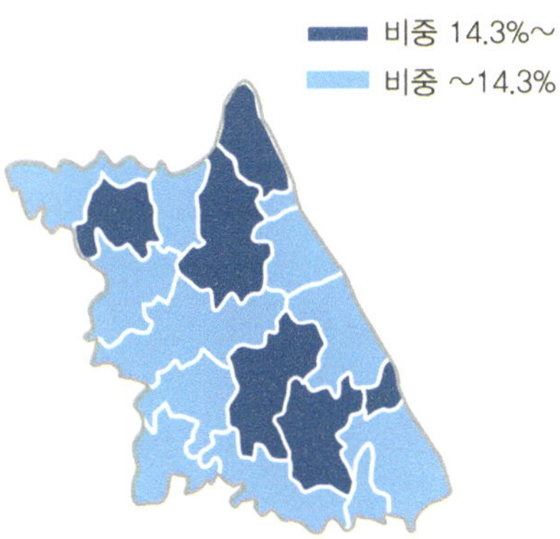

지역	비중	지역	비중
춘천	12.0%	철원	7.4%
원주	10.1%	태백	7.5%
강릉	10.3%	양양	7.9%
삼척	13.6%	정선	21.4%
홍천	8.4%	고성	27.8%
동해	16.5%	평창	27.0%
속초	11.5%	화천	24.9%
횡성	12.6%	인제	14.7%
영월	10.1%	양구	13.0%
평균: 14.3%			

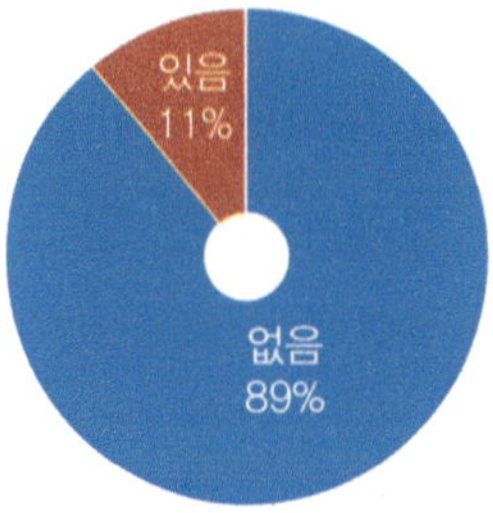

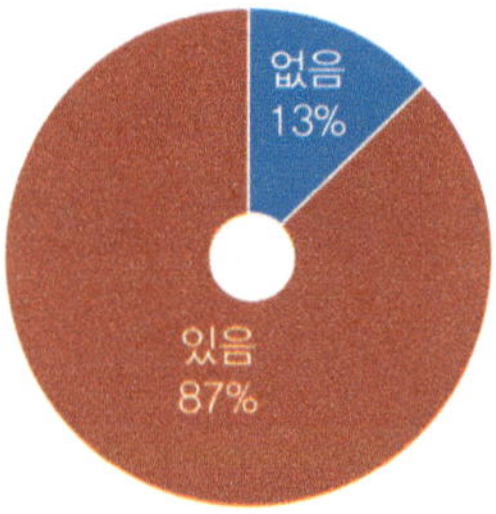

2) 강원도 수신자 주소와 요양병원 간의 관계

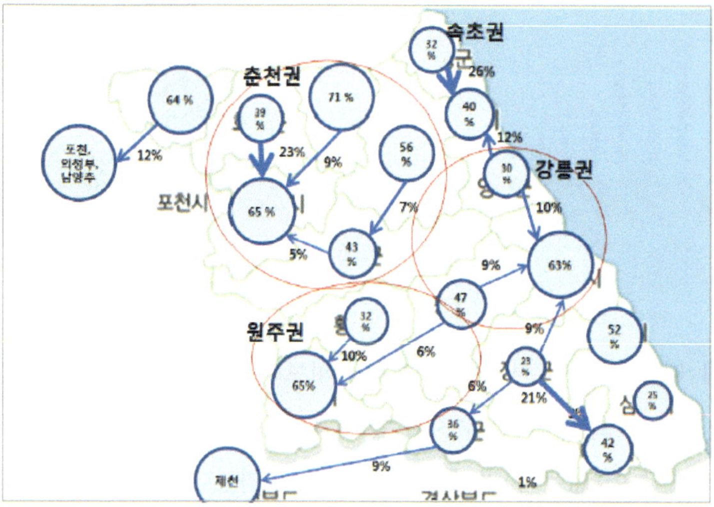

3) 고혈압 등 내분비계 부분 질병 간 상병코드 연관맵

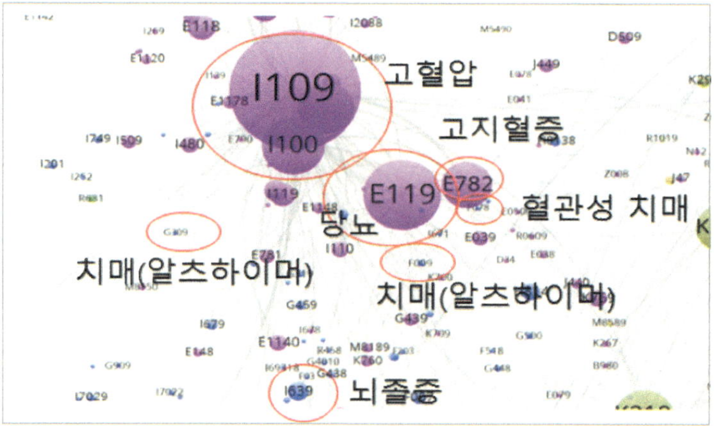

2.4

재난 뉴스 텍스트마이닝 정보분석

재난 관련 뉴스만 따로 가려내어 분석대상 데이터를 확보한다. 사회적으로 이슈가 되는 유형을 추가하여 총 29개의 재난유형을 정의하였다. 재난 관련 뉴스를 가지고 텍스트 마이닝을 통해 정보추출을 하였다. 관련 주요키워드로 트위터를 통해 데이터를 얻고 감성분석 실행을 위해 포항지진과 관련된 자료를 분석한다. 재난 정보분석 활용사례는 국립재난안전연구원이 2017년 12월에 발간한 비정형 빅데이터 재난안전 정보패턴 분석 보고서이다.

2017년 11월 15일 14:29, 경북 포항에서 규모 5.4의 지진이 발생하였다. 이는 한국에서 지진이 관측된 1978년 이후로 2016년 경주 지진에 이어 두 번째로 큰 규모였다. 지진은 한 차례로 끝나지 않고 수차례의 여진을 동반하였으며, 이에 따른 인명피해 92명, 재산피해 551억 원으로, 피해 역시 역대 최고를 기록하였다. 이번 지진의 경우, 1회로 그치지 않고 수일간 여진과 피해상황이 지속되었기 때문에 비정기 재난이슈 분석 가운데에서도 장기간의 추이를 분석해야 하는 사례에 속한다. 따라서 지진이 발생한 당일부터, 여진이 잠잠해지고 피해상황이 더 이상 추가 발생하지 않는 시점까지를 분석기간으로 설정하여 2017년 11월 15일부터

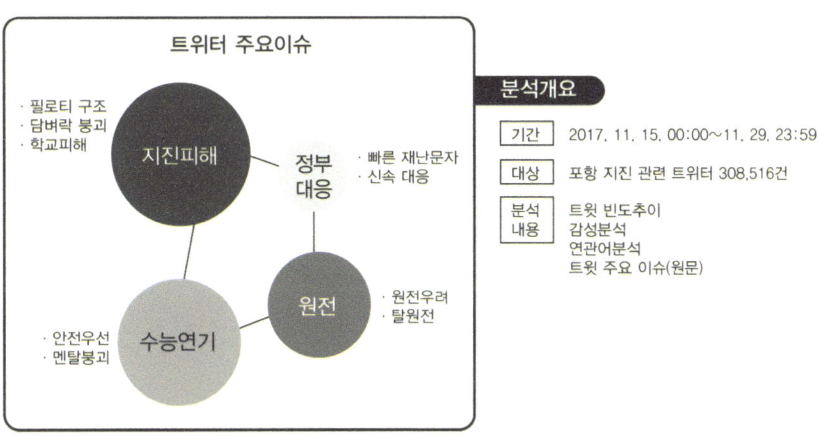

출처: 비정형 빅데이터 재난안전 정보패턴 분석, 국립재난안전연구원, 2017. 12.

11월 29일까지 분석을 진행하였다. 분석대상은 포항 지진 관련 트위터 308,516건이며, 분석내용은 트윗 빈도추이, 감성분석, 연관어 분석, 트윗 주요 이슈이다.

지진과 같이 강력한 영향을 미치는 자연재난의 경우 발생과 동시에 국민들의 반응이 트위터상으로 표출된다. 특히 발생 당일은 본진이 발생한 이후에도 규모가 큰 여진이 추가로 발생하여, 정부의 입장과 대응이 시시각각 발표되기 때문에 발생 당일의 트위터 빈도는 분 단위로 나누어 추이를 분석하는 것이 의미 있다.

다음 그림은 포항지진 발생 당일 트위터 빈도추이를 분 단위로 분석한 그래프이다. 기상청에서 발표한 공식 지진 기록과 정부의 대응 발표, 트위터상의 이슈를 한 화면으로 표출하여 재난 발생 사실과 그에 따른 정부의 대응에 대한 국민들의 반응 추이를 파악할 수 있다.

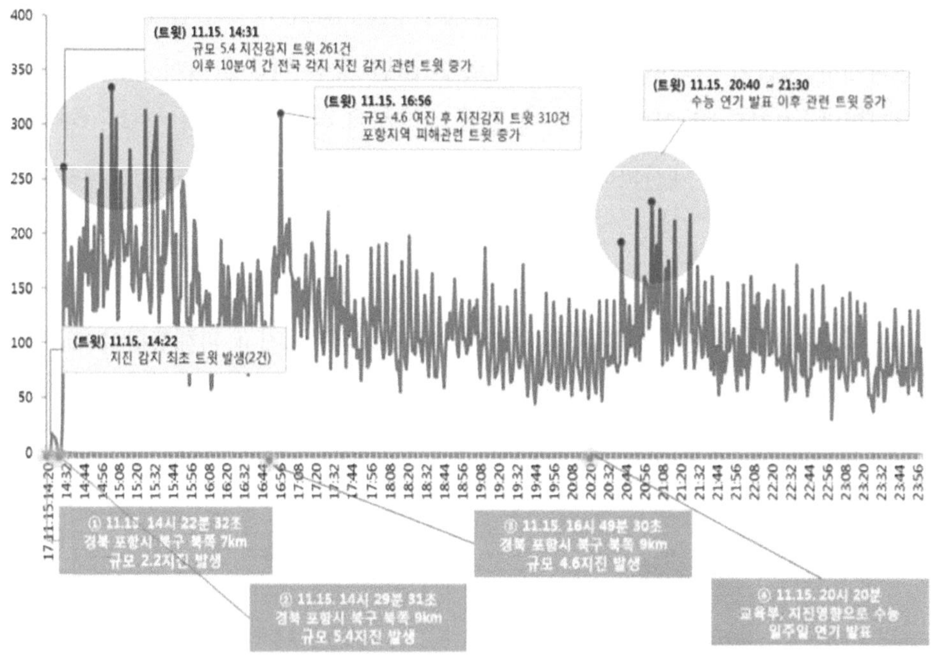

출처: 비정형 빅데이터 재난안전 정보패턴 분석, 국립재난안전연구원, 2017. 12.

2.5

환경데이터를 이용한 정보분석

Global Forest Watch라고 불리는 이 시스템은 미국항공우주국과 구글의 인공위성 데이터와 함께 일반인의 소셜미디어 데이터를 적극 활용하여 트위터에 올라온 데이터와 지리정보 데이터, 정부 데이터와 함께 전 세계 산림 현황을 모니터링하기 위해서 사용하였다.

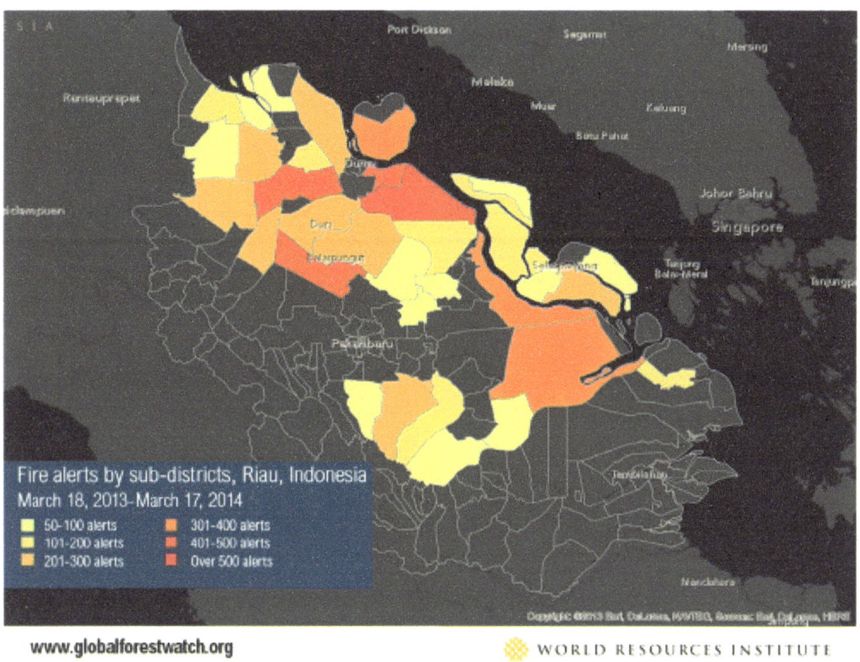

출처: Global Forest Watch 홈페이지 참조(http://blog.globalforestwatch.org/).

오스트리아의 모듈 대학교에서 미디어 모니터링 시스템(Media Watch on Climate Change)을 구축하여 과학논문부터 뉴스, 트위터, 유튜브 등 소셜미디어에 이르기까지 정형/비정형 데이터를 분석하여 기후변화 문제를 실시간으로 모니터링한다.

사용자가 기후변화와 관련된 키워드를 입력하면 그와 연관된 최신자료 및 지리적 정보를 확인할 수 있다. 연관어 분석, 감성 분석 등의 서비스도 제공하여 다양한 분석이 가능하다.

출처: http://ecoresearch.net/climate

제3장

데이터분석 프로그램

- 3.1 R 프로그램
- 3.2 Java 프로그램
- 3.3 R Studio 프로그램
- 3.4 R과 Rstudio 실행

3.1
R 프로그램

1) R의 특성 및 기능

R은 오픈소스 소프트웨어 프로그램으로서 무료로 다운받아 사용할 수 있다. R의 출현 배경은 S 언어이며, 구성은 기본 명령(함수)과 외부 packages 설치로 이루어져 있다.

사용자 관점에서 R은 통계분석의 특화기능(DSL: Domain Specific Language)을 가지며, Windows, Unix, Mac OS 등 어떤 운영체제 환경에서든 사용 가능하다. 또한 분석 속도가 빠르고 시각화 기능이 뛰어나다.

프로그래밍 관점에서 R은 함수형(Functional Programming) 언어로, 함수결과를 다른 함수로 입력하여, 반복 작업(loop) 대신 함수로 처리한다. 즉, Script 언어나 Interpreter 방식이다. 객체지향형(OOP)으로 Generic 함수인 ß Polymorphic 함수는 그 결과를 객체 형태로 변환한다.

R은 여러 측면의 언어 기능을 가지고 있다. 수리나 통계분석도구로서, 프로그래밍 언어로서, 그리고 시각화 도구로서의 기능을 가지고 있다.

빅데이터 분석도구로서 R은 기계학습과 예측적 분석(Predictive Analysis)의 기능을 가지고 있으며, 데이터 분석 전에 전처리 기능으로서 기본에 충실한 프로그램이다.

2) R 설치 과정

① www.r-project.org에 접속 후 download R을 클릭한다.

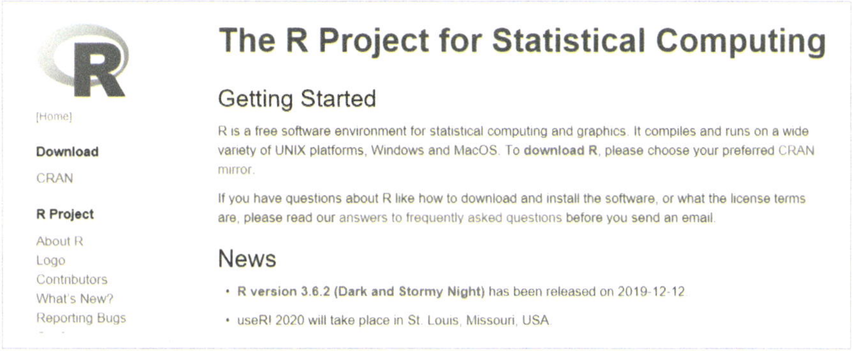

② CRAN이나 Ctrl + F를 통해 Korea를 찾아 5개의 링크 중 하나를 클릭한다.

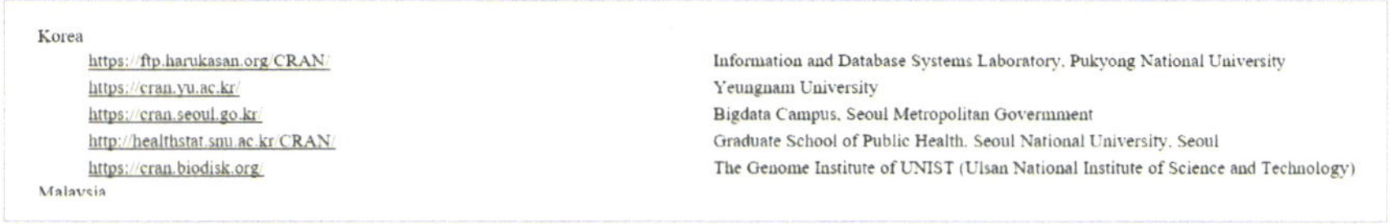

③ 운영체제에 맞는 링크를 클릭(ex. Windows의 경우 Download R for Windows) 한다.

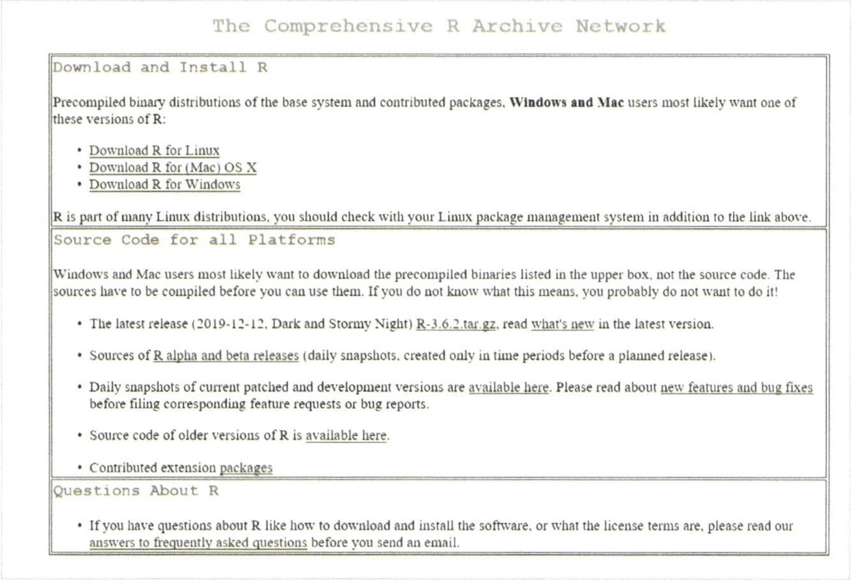

④ Install R for the first time이나 base를 클릭한다.

R for Windows

Subdirectories:

base	Binaries for base distribution. This is what you want to **install R for the first time**.
contrib	Binaries of contributed CRAN packages (for R >= 2.13.x; managed by Uwe Ligges). There is also information on third party software available for CRAN Windows services and corresponding environment and make variables.
old contrib	Binaries of contributed CRAN packages for outdated versions of R (for R < 2.13.x; managed by Uwe Ligges).
Rtools	Tools to build R and R packages. This is what you want to build your own packages on Windows, or to build R itself.

Please do not submit binaries to CRAN. Package developers might want to contact Uwe Ligges directly in case of questions / suggestions related to Windows

You may also want to read the R FAQ and R for Windows FAQ.

Note: CRAN does some checks on these binaries for viruses, but cannot give guarantees. Use the normal precautions with downloaded executables.

⑤ Download R 3.6.2 for Windows를 클릭하여 다운 후 과정에 따라 설치한다.

R-3.6.2 for Windows (32/64 bit)

Download R 3.6.2 for Windows (83 megabytes, 32/64 bit)

Installation and other instructions
New features in this version

If you want to double-check that the package you have downloaded matches the package distributed by CRAN, you can compare the md5sum on the master server. You will need a version of md5sum for windows: both graphical and command line versions are available.

Frequently asked questions

- Does R run under my version of Windows?
- How do I update packages in my previous version of R?
- Should I run 32-bit or 64-bit R?

Please see the R FAQ for general information about R and the R Windows FAQ for Windows-specific information.

Other builds

- Patches to this release are incorporated in the r-patched snapshot build.
- A build of the development version (which will eventually become the next major release of R) is available in the r-devel snapshot build
- Previous releases

Note to webmasters: A stable link which will redirect to the current Windows binary release is
<CRAN MIRROR>/bin/windows/base/release.htm.

Last change: 2019-12-12

3.2 Java 프로그램

① www.Oracle.com에 접속 후 downloads > Java SE를 클릭한다. 각자 자신에게 맞는 운영체제에 맞게 다운로드한다.

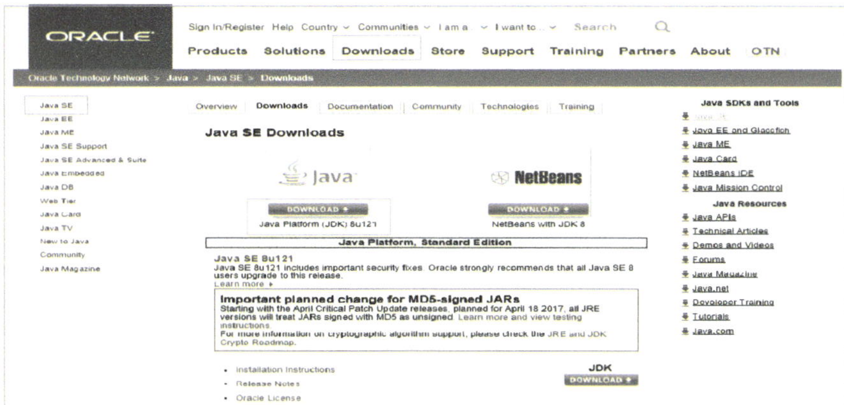

② Accept License Agreement를 누른 후 각자 맞는 운영체제 환경에 맞게 설치한다.

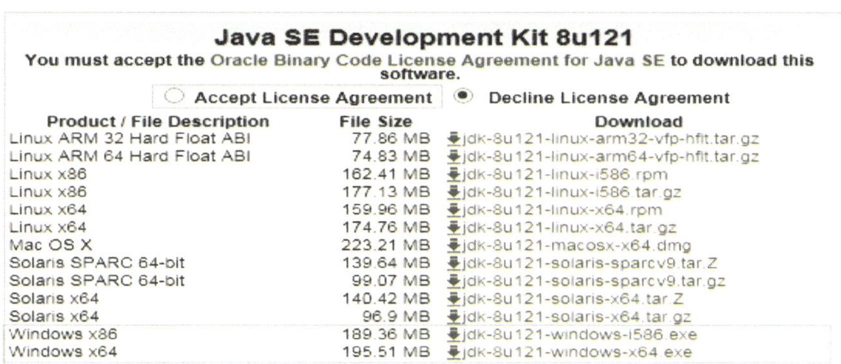

③ 테두리로 지정된 곳을 블록 지정하여 복사한 후 내컴퓨터 > 속성으로 들어가서 고급시스템 설정으로 접속한다.

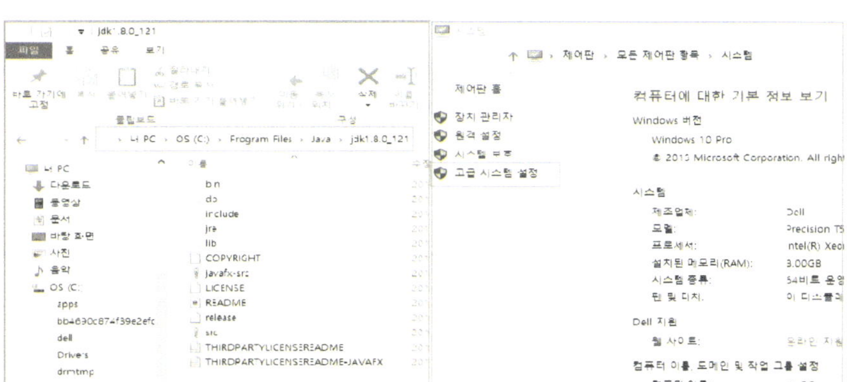

④ 환경변수로 들어가서 시스템 변수를 하나 생성한다.

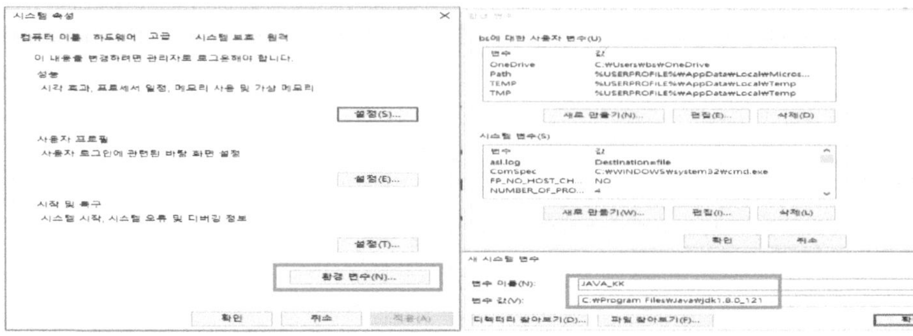

⑤ 생성 후 path 변수를 편집하여 "%JAVA_KK%bin"을 추가한다.

⑥ 실행에서 cmd 명령어로 java가 설치되었는지를 확인한다.

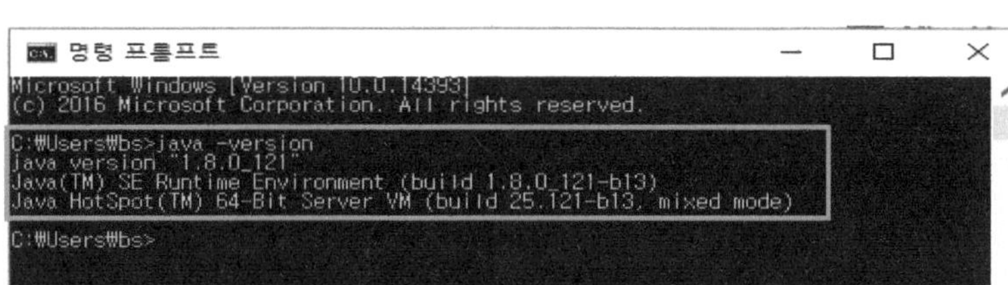

3.3
R Studio 프로그램

① www.rstudio.com에 접속 후 상단 Download를 클릭한다.

② 여러 경로 중 'RStudio 1.2.5033 - Windows 10/8/7'을 선택하여 설치한다.

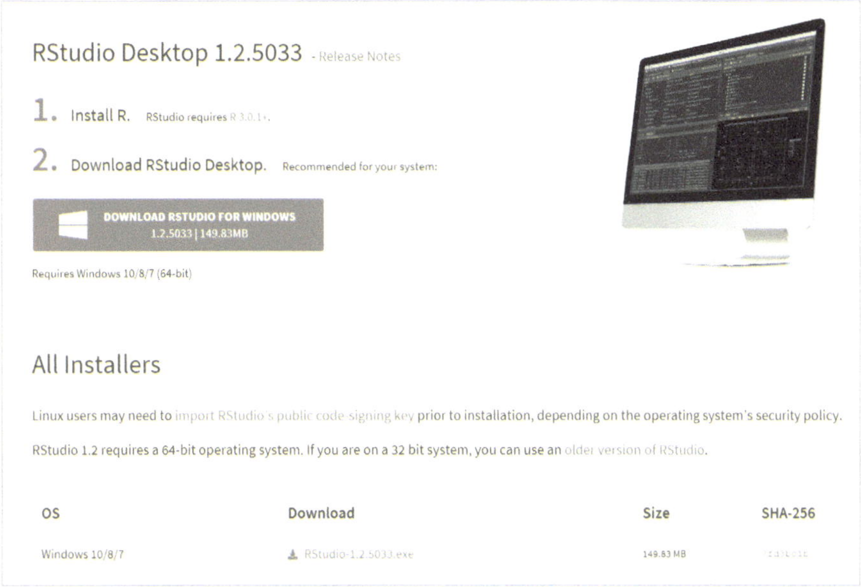

3.4
R과 Rstudio 실행

1) R 실행

(1) R 콘솔

윈도우 운영체제 환경에서 R 콘솔에 대해서 알아본다. R을 실행하면 R-GUI 창이 나타난다. R-GUI 창 내부의 R console 창의 기능은 명령어 입력 및 결과물 출력이 이루어지는 공간이다.

R console 내 명령은 프롬프트(>)를 이용하여 자료를 입력하고 출력한다.

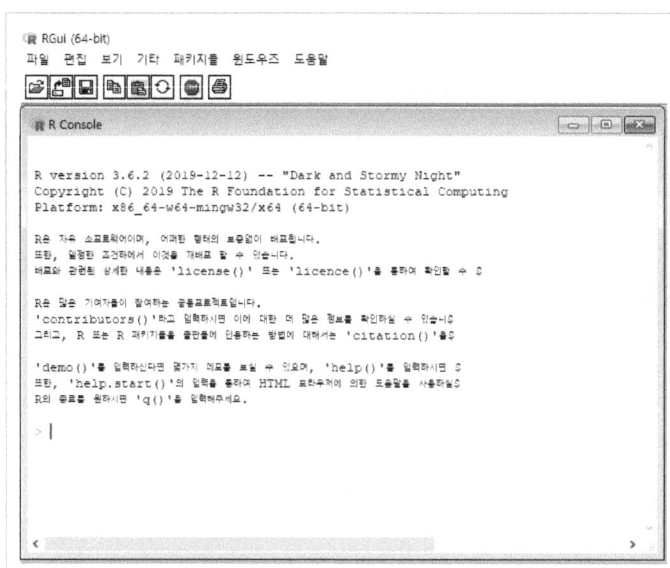

(2) 작업 공간

작업 디렉토리(Working directory)란 모든 파일 입출력의 기본 위치가 되는 디렉토리를 의미한다. 현재 작업 디렉토리를 확인하려면 getwd() 함수를 콘솔에 입력하고, 특정 디렉토리를 작업 디렉토리로 지정하려면 setwd() 함수를 이용한다. getwd(), setwd()을 각자의 상황에 맞게 수정 또는 메인 메뉴를 이용하는 것도 가능하다.

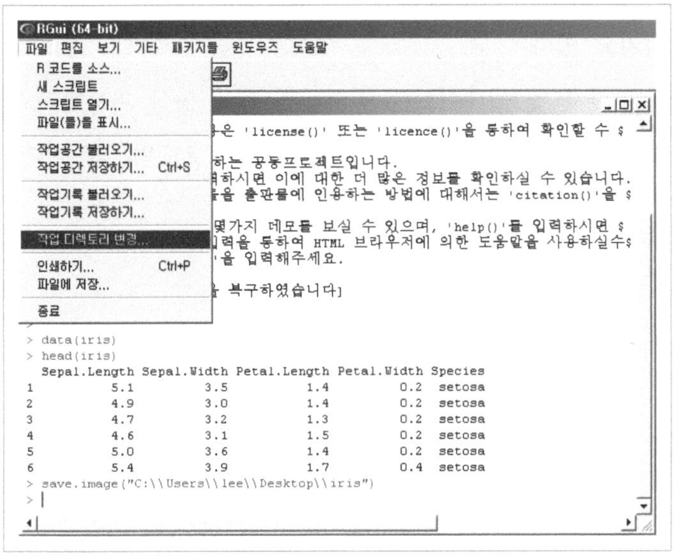

(3) 도움말 Help

도움말 시스템이 매우 편리하게 제공된다. 예를 들어 persp()라는 이름의 함수에 대해 궁금하면 명령어 프롬프트(>)에 다음과 같이 입력하면 된다.

```
? persp 또는 help(persp)
```

확장 도움말 기능을 제공한다. 예를 들어 'log'를 포함한 키워드 혹은 함수에 대해 궁금하면 다음과 같다.

```
?? log 또는 help.search("log")
```

(4) Packages

모든 R 함수 및 dataset은 패키지로 묶여서 저장되어 있다. 따라서 특정 함수 및 dataset은 해당 패키지를 load 해야 사용 가능하다. 패키지의 특징은 다음과 같다.

첫째, 메모리 관리 및 검색 시 효율적이다.

둘째, 패키지 개발자들이 기존 패키지와 충돌 걱정 없이 개발 가능하며, 확장성을 가지고 있다.

셋째, 패키지 설치 및 업데이트는 인터넷을 통해 항상 가능하다.

넷째, Standard(또는 base) package들은 R 소스 코드의 일부이다.

2) Rstudio 실행

Rstudio는 java를 기반으로 실행되기 때문에 완전한 코딩을 하지 않더라도, 저장된 함수가 있다면 바로 이용할 수 있는 환경으로 되어 있다. 실제 분석 시에 R보다 이용하는 데 편리하다. 기본적으로 Rstudio는 console 창, 그래프 확인이나 패키지를 받는 창, 작업영역과 지금까지 사용한 기록을 확인할 수 있는 3개의 창을 지원해준다. ctrl + 1을 누르면 스크립트 창이 만들어진다. 이렇게 4개의 창을 Rstudio에서는 지원해준다.

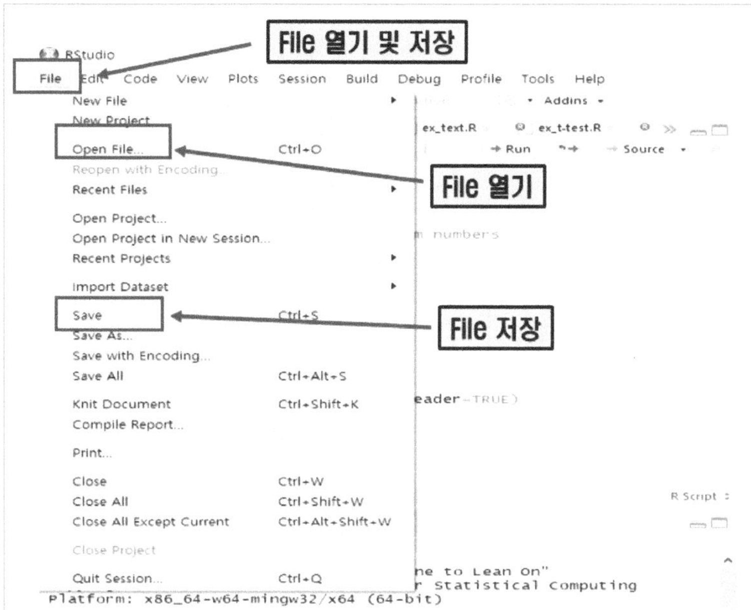
File 열기 및 저장
File
New File
New Project
Open File...
Reopen with Encoding...
Recent Files
Open Project...
Open Project in New Session...
Recent Projects
Import Dataset
Save
Save As...
Save with Encoding...
Save All
Knit Document
Compile Report...
Print...
Close
Close All
Close All Except Current
Close Project
Quit Session...
File 열기
File 저장

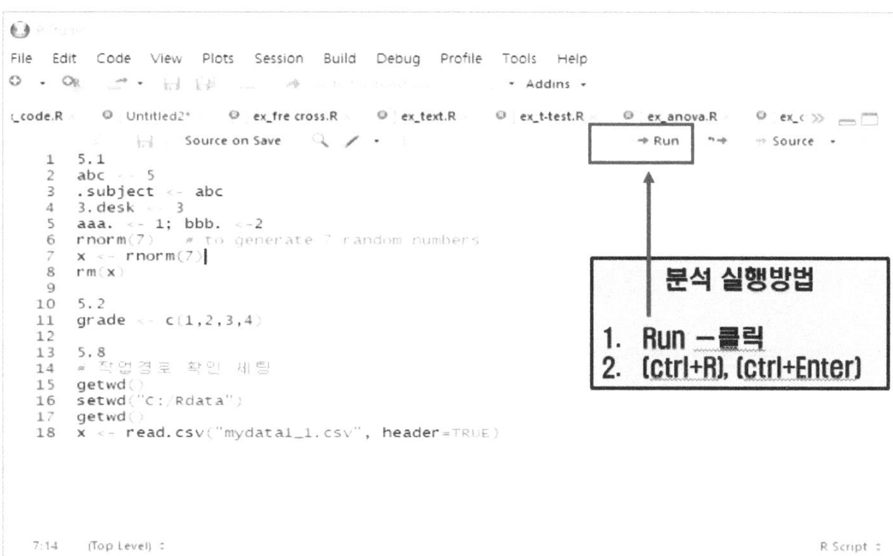
File Edit Code View Plots Session Build Debug Profile Tools Help
Run
Source
분석 실행방법
1. Run – 클릭
2. (ctrl+R), (ctrl+Enter)

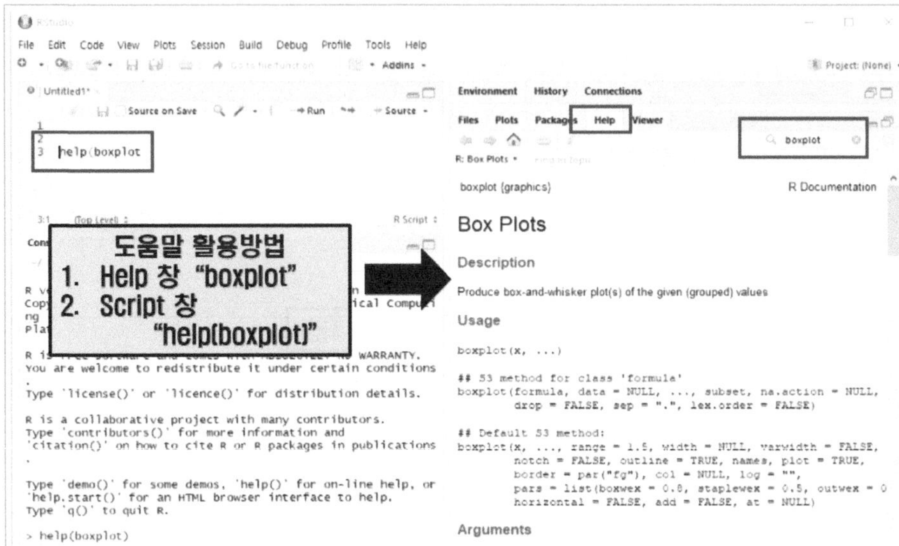

(1) 콘솔(console)

R console과 같은 기능으로 실행 결과들을 보여주는 역할을 한다. 여기서도 코딩작업을 할 수 있지만, 잘못 작성된 것을 실행시키면 그 이후 수정이 안 되기 때문에 스크립트 창을 띄워서 사용하는 것을 권장한다. 스크립트 창에서 실행시킨 것들의 결과를 확인하는 것으로 사용된다. 혹은 실행 오류가 나타나는 것들을 알려주기도 한다. ctrl + 2를 하면 커서가 console 창으로 이동한다.

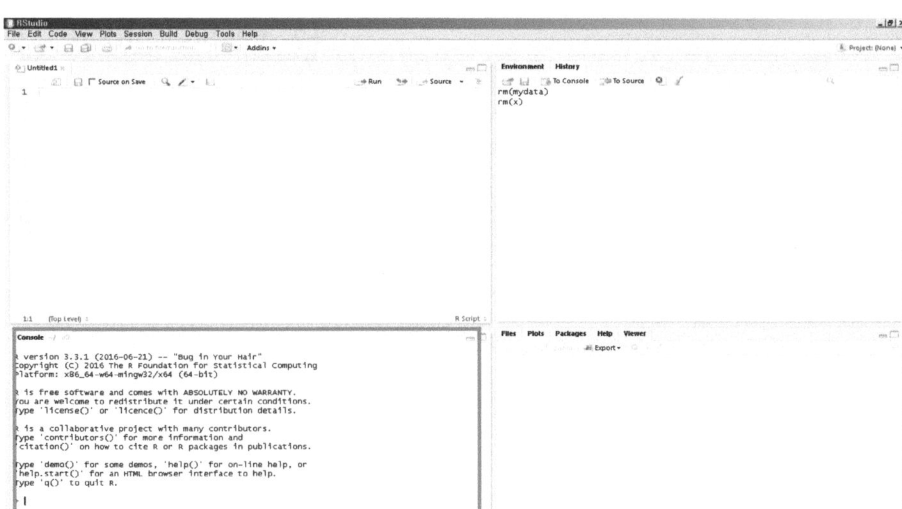

(2) 스크립트(소스편집기)

ctrl + 1을 눌렀을 때, 나타나는 창으로, 코딩작업을 하는 곳이라고 생각하면 된다. 변수설정이나 함수입력 등을 할 때, 스크립트 창에서 작업을 하고, 작업을 실행시킬 때에는 ctrl + r 버튼을 눌러주면 커서가 가리키는 줄을 실행시킨다. 블록을 씌워서 ctrl + r 키를 눌러주면 블록 씌워진 모든 부분이 console 창에 출력이 된다.

(3) 작업영역 $ 이력

스크립트 창에서 변수설정에 대한 내용이나, 어떤 데이터를 이용했는지를 전체적으로 정리할 수 있고, History 부분은 스크립트 창에 기록된 것들을 간략하게 나타나 있는 것을 확인할 수 있다. ctrl + 4는 History로 이동하고, ctrl + 8은 Workspace로 이동한다.

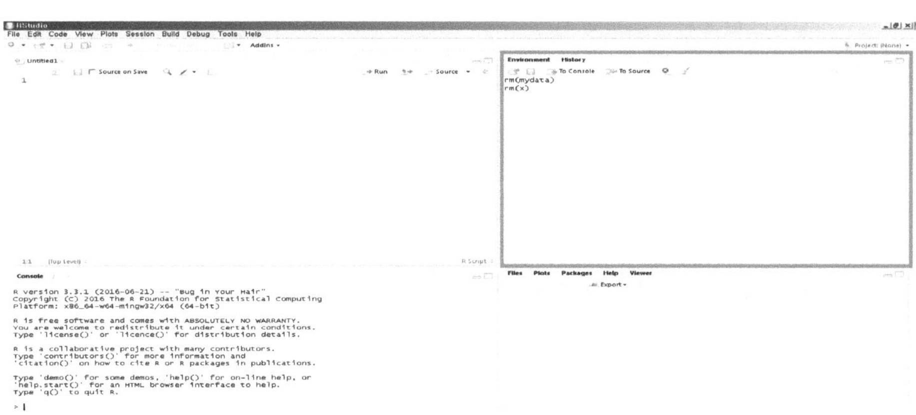

(4) 파일탐색기, 플롯, 패키지, 도움말

실행시킨 결과물 중 그래프 혹은 패키지를 통해 출력시킨 것들 중 도표로 출력되는 내용을 정리한다. 그것들은 플롯창에서 확인할 수 있다. 패키지를 설치하거나 설치된 패키지들도 확인할 수 있다. 여기서는 주로 플롯을 많이 사용하고, Rstudio를 사용하면서 모르는 것이 있다면 도움말을 통해서 확인할 수 있다. ctrl + 3을 누르게 되면 도움말 창으로 이동한다.

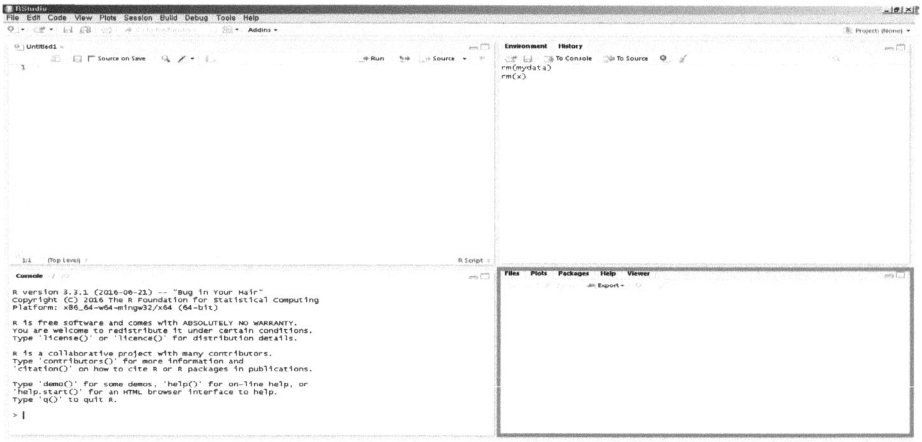

(5) 패키지 설치

R 프로그램에서 분석 패키지를 설치한다.

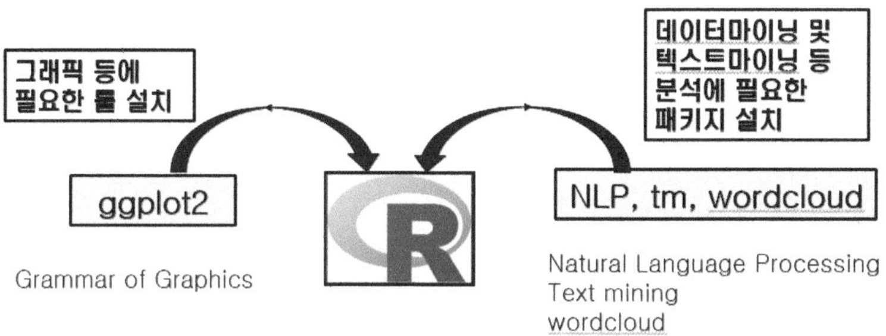

install.packages("패키지명")으로 설치한다. library(패키지명)는 패키지를 적재한다.

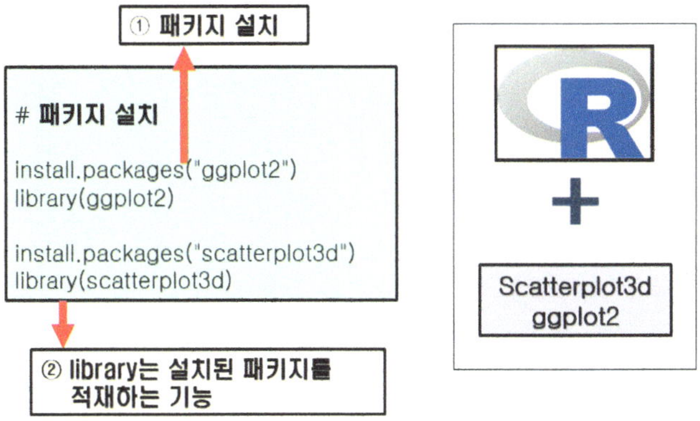

▶ 패키지 설치는 한번만 수행, library는 분석할 때마다 수행

R 프로그램에 패키지를 설치한 후 활용하는 방법은 다음과 같다.

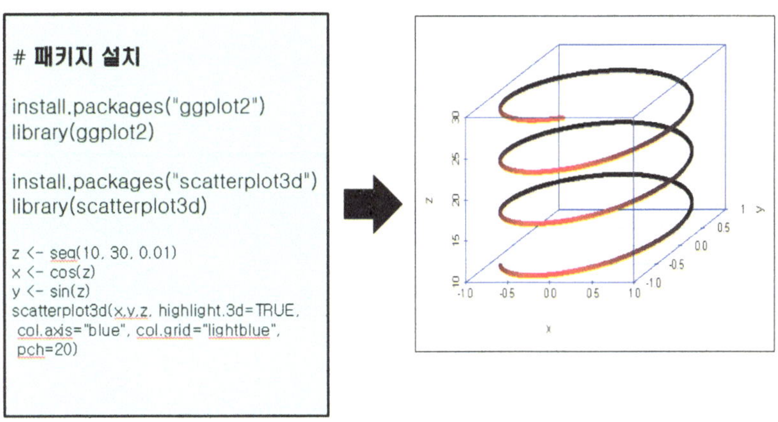

제4장

데이터 관리와 코딩

- 4.1 데이터 입력
- 4.2 데이터 출력
- 4.3 데이터 분류
- 4.4 데이터 구조

4.1
데이터 입력

1) 할당(Assignment)

변수명은 알파벳, 숫자, 마침표(.), underscore(_) 등을 조합해 만든다. 변수에 특정 값(혹은 변수)을 할당(assignment)할 때 < - , =, << - 를 사용할 수도 있다. 모든 이름의 시작은 알파벳 또는 마침표(.)로 한다. 여러 명령어를 한 줄에 입력할 때는 세미콜론(;)을 사용하며, 주석(comment)은 #을 이용한다. 불필요한 객체(값)를 제거할 때는 rm() 함수를 사용한다.

R-code 4.1

```
abc <- 5
.subject <- abc
3.desk <- 3
aaa. <- 1; bbb. <-2
rnorm(7)   # to generate 7 random numbers
x <- rnorm(7)
rm(x)
```

```
Error: unexpected symbol in "3.desk"
[1]  0.5759936  2.2816293 -1.2212126  0.8220057
[5]  0.9859659  0.6758879  0.4759848
```

2) 데이터 입력 방법

① 키보드에서 직접 입력하는 방식이다. 등급을 4단계로 구분하여 새로운 데이터를 생성시킨다.

R-code 4.2

```
grade <- c(1,2,3,4)
```

② R의 자체 편집기를 이용하여 데이터를 입력한다. R 코드를 mydata <- edit (mydata)까지 입력하면 데이터 편집기 창이 나오며, 데이터 편집기 창에 직접 데이터를 입력한다.

R-code 4.3

```
mydata <- data.frame(age=numeric(0), gender=numeric(0), weight=numeric(0))
mydata <- edit(mydata)
str(mydata)

'data.frame':             3 obs. of  3 variables:
 $ age   : num  25 23 22
 $ gender: num  1 1 2
 $ weight: num  56 62 45
```

③ 다양한 외부 데이터 파일을 불러들여 R에서 분석한다.

첫째, 외부 데이터 파일을 불러들이기 위해서는 컴퓨터 내 "C 경로", "D 경로", 또는 외장메모리 장치에 데이터가 저장되어 있는 경우이다. 즉, 외부로부터 데이터 파일을 불러오는 작업을 하기 전, 현재 어느 폴더를 통해 불러오는지 확인하는 방법과 본인이 직접 폴더로 지정하는 방법이다.

먼저 "C 경로"에 "C:/Rdata"라는 폴더를 생성하고, 폴더 안에 "파일명.csv", "파일명.txt", "파일명.sav", "파일명.xlsx" 등의 데이터 파일을 준비한다.

R-code 4.4

```
getwd()                    #경로 설정
setwd("C:/Rdata")          #경로 확인
getwd()
```

둘째, 준비된 데이터 파일 중 직사각형 형태로 정리된 텍스트 파일의 내용을 불러들여 데이터프레임으로 저장하려면 read.table() 함수를 사용한다.

R-code 4.5

```
x <- read.table(file="파일명.txt", header=T, sep=" ")
```

셋째, csv 파일을 불러들여 데이터프레임으로 저장하려면 read.csv() 함수를 사용한다. header는 데이터 안에 변수 이름이 저장되어 있는지를 알아보는 것이며, 변수명이 저장되어 있어 TRUE를 사용한다.

R-code 4.6

```
x <- read.csv(file="파일명.csv", header=TRUE)
```

넷째, 외부 데이터 파일을 R로 불러오는 예시는 다음과 같다. 먼저 "C 경로"에 "C:/Rdata"라는 폴더를 생성하고, 폴더 안에 "mydata1_1.csv" 데이터 파일을 준비한다.

R 예제데이터: mydata1_1

R-code 4.7

```
# 작업경로 확인 세팅
getwd()
setwd("C:/Rdata")
getwd()
x <- read.csv("mydata1_1.csv", header=TRUE)
str(x)
```

```
[1] "C:/Rdata"

'data.frame'      :80 obs. of  7 variables:
 $ 성별           : Factor w/ 2 levels "남자","여자": 1 2 2 2 2 2 1 2 1 1 ...
 $ 학년           : num  3 3 2 2 2 2 2 2 3 3 ...
 $ 월활동횟수      : num  1 2 1 3 1 2 2 1 2 1 ...
 .....
```

④ R 자체적으로 저장되어 있는 예제 데이터 불러오기이다.

data(): dataset 리스트를 볼 수 있다.

data(iris)를 입력하면 R을 실행했을 때 기본적으로 로드되는 데이터셋 중 iris가 global environment의 object로 오게 된다. console에서는 아무 반응이 없지만, RStudio를 사용하면 Environment 탭에서 확인할 수 있다. 그다음 iris란 객체를 분석하면 global environment에서 이루어지게 된다.

R-code 4.8

```
data()
data(iris)
str(iris)

'data.frame':	150 obs. of  5 variables:
 $ Sepal.Length: num  5.1 4.9 4.7 4.6 5 5.4 4.6 5 4.4 4.9 ...
 $ Sepal.Width : num  3.5 3 3.2 3.1 3.6 3.9 3.4 3.4 2.9 3.1 ...
 $ Petal.Length: num  1.4 1.4 1.3 1.5 1.4 1.7 1.4 1.5 1.4 1.5 ...
```

4.2 데이터 출력

① R 콘솔에 출력: print(), x 등의 함수를 이용한다.

R-code 4.9

```
x <- c(1, 2, 3)
print(x)

[1] 1 2 3
```

② 벡터를 파일로 내보내기는 write() 함수를 사용한다.

R-code 4.10

```
x <- seq(from=0, to=1, by=0.1)
write(x, file="output.txt")
```

③ 데이터프레임, 행렬 등과 같이 표 형태로 저장/작성된 데이터를 텍스트 파일로 내보내기는 write.table() 함수를 이용한다.

R-code 4.11

```
x <- matrix(1:20, 4, 5)
write.table(x, file="table.txt")
```

4.3 데이터 분류

1) 데이터 종류

데이터 종류(mode)는 mode()로 유형 파악이 가능하다.

첫째, 숫자형(numeric)은 수(double), 정수(integer) 등 숫자로 표현하며, 문자가 있으면 전체가 문자형으로 바뀐다.

둘째, 문자형(character)은 문자나 문자열(string) 등으로 "?"(큰 따옴표)를 붙여서 표현한다.

셋째, 논리형(logical)은 TURE, FALSE 참과 거짓으로 표현하며, TURE는 0이외의 값이며, FALSE는 0의 값을 나타낸다.

넷째, 복소수(허수)이다.

구분	세부유형	예시	
숫자형 (numeric)	정수(integer) 실수(double)	33 또는 −55 38.3, 또는 −55.0	
문자형 (chatacter)	문자 또는 문자열	"홍길동" "James Dean" "언제 배송되나요?"	
논리형 (logisal)	참과 거짓	TRUE 또는 T FALSE 또는 F	
기타	결측치(Not Available, Missing Date) 비숫자(Not a Number) 무한대(Infinite)	NA NaN Inf 또는 −Inf	0/0 Inf−Inf 23/0

2) 데이터 구조(data type, data structure) 분류

첫째, 벡터(vectors: numerical, character, logical)는 1차원 배열로 데이터를 묶어 놓은 것이며, R에는 scalar가 존재하지 않는다(한 개 항목을 가지는 vector). 문자열(character string)도 문자 mode의 single-element vector이다.

둘째, 행렬(Matrices)은 2차원 배열로 데이터를 모아 놓은 것이다.

셋째, 배열(Arrays)은 3차원 이상의 형태로 데이터를 모아 놓은 것이다.

넷째, 데이터프레임(data frames)은 Column마다 data mode가 다른 형태의 데이터(일종의 테이블형)로 구성된다.

다섯째, 리스트(Lists)는 서로 다른 데이터를 인위적으로 묶어 놓은 것이다.

여섯째, 요인(Factor)은 숫자나 문자 등의 한 가지로만 구성된 것을 말한다.

구분	데이터 개수	데이터 종류	관련코드
스칼라(scalar)	단수	숫자 / 문자 / 논리 중의 한 가지 단수 데이터	x <- 3
벡터(vector)	복수	숫자 / 문자 / 논리 유형 중 한 가지로만 구성	x <- c( )
행렬(matrix)	복수	숫자 / 문자 / 논리 유형 중 한 가지로만 구성	x <- matrix( )
배열(array)	복수	숫자 / 문자 / 논리 유형 중 한 가지로만 구성	x <- array( )
요인(factor)	복수	숫자 / 문자 / 논리 유형 중 한 가지로만 구성	x <- factor( )
데이터프레임 (date frame)	복수	변수(열, 컬럼, 필드)별로 숫자 / 문자 / 논리 유형 중 한 가지로만 구성	x <- date frame( )
리스트 (list)	복수	스칼라부터 데이터프레임까지 모든 형태의 데이터를 포함할 수 있음	x <- list( )

4.4
데이터 구조

1) 벡터(Vector)

① 벡터를 구성하는 모든 성분은 같은 유형이어야 한다. 실수(double), 정수(integer), 문자열(string), 논리값(logical) 등으로 구성할 수 있다.

R-code 4.12

```
x <- c(1, 2.1, 3.2, 5)    # double
y <- c(1L, 2L, 3L)        # integer
z <- c("KTX", "Saemaul", "Mugunghwa")       # string
v <- c(TRUE, FALSE, FALSE, TRUE)            # logical
```

② 벡터의 각 성분은 위치에 따라 값을 추출한다. R에서 추출(indexing)은 [ ]를 이용한다. 여러 성분을 동시에 추출해서 벡터의 일부를 추출해 부분 벡터를 만드는 것도 가능하다.

R-code 4.13

```
x <- c(1, 2.1, 3.2, 5)    # double
x[2]                # x의 두 번째 성분
x[c(2,4)]           # x의 두 번째, 네 번째 성분을 추출한 부분 벡터
```

```
[1] 2.1
[1] 2.1 5.0
```

③ 벡터의 성분은 숫자로 된 값을 문자형인 이름으로 변경이 가능하다.

R-code 4.14

```
fruit <- c(5, 3, 2)
names(fruit) <- c("apple", "orange", "peach")
fruit
```

```
fruit[c("apple", "peach")]
fruit <- setNames(c(5, 3, 2), c("apple", "orange", "peach"))
names(fruit)

apple orange  peach
    5      3      2
apple peach
    5     2
```

• names(): 객체의 이름을 알아내거나 이름을 부여할 때 사용하는 함수

• setNames(): 객체의 이름을 부여할 때 편리한 함수

④ 새로운 벡터를 생성하려면 c() 함수를 이용한다.

R-code 4.15

```
a <- c(1, 2, 3)
b <- c(5, 6)
x <- c(a, 4, b)   # x <- c(1,2,3,4,5,6)
```

⑤ 벡터 인덱스(index)의 범위를 벗어나는 위치의 성분에 값을 할당하면 빈 공간은 결측치 처리된다. 즉, 생성한 길이가 3인 벡터 a에 대해 5번째 성분값에 5를 할당하면, 4번째 성분의 값은 결측치(결측치는 NA로 표시)로 채워질 길이가 5인 벡터가 생성된다.

R-code 4.16

```
a <- c(1, 2, 3)
a[5] <- 5          # assign to the 5th element
a         # R extends the vector automatically

[1]  1  2  3 NA  5
```

⑥ append() 함수를 이용하면 기존 벡터에 새로운 값을 추가해 새로운 벡터를 만들 수 있다.

R-code 4.17

```
append(x, 55, after=5)     # x의 다섯 번째 성분 다음에 55 삽입
append(x, -55, after=0)    # x의 맨 앞에 -55 삽입
```

```
[1]  1  2  3  4  5 55  6
[1] -55   1   2   3   4   5   6
```

⑦ 연산자, seq() 함수, rep() 함수를 이용해 수열을 생성해 벡터를 만들 수 있다.

R-code 4.18

```
x <- seq(from=0, to=1, by=0.1)      # 0부터 1까지 0.1씩 증가하는 등차수열
y <- seq(from=0, to=1, length=11)  # 0부터 1까지 길이가 11인 등차수열
z <- 1:10  # 1, 2, 3, ... , 9, 10
3:-3    # 3, ... , -3
rep(2, 10)  # repeat 2 ten times
```

```
[1]  3  2  1  0 -1 -2 -3
[1] 2 2 2 2 2 2 2 2 2 2
```

- m:n: m부터 n까지 1씩 증가(감소)하는 수열 생성
- seq(): 등차수열 만들기 함수, <-sequence
- rep(): 같은 값을 반복해서 수열 만들기 함수

⑧ 벡터 간 산술연산은 성분별로 이루어진다.

R-code 4.19

```
x <- 1:5; y <- c(2,2,2,2,2)
x+y
x-y
x*y
x/y
x^y
```

```
[1] 3 4 5 6 7
[1] -1  .....
```

⑨ 길이가 서로 다른 벡터 간에 연산을 실시하면 재사용 규칙(recycling rule)이 적용된다. 즉, 길이가 짧은 벡터를 반복적으로 다시 사용해 길이가 긴 벡터와 같은 길이를 갖도록 연장해 연산을 실시한다. 재사용 규칙이 적용되는 경우, R은 연산 결과와 함께 혹시 실수가 있었을지 모르기 때문에 경고 메시지를 함께 제공한다.

R-code 4.20

```
x <- 1:3
z <- rep(3, 5); x+z    # c(1, 2, 3, 1, 2) + c(3, 3, 3, 3, 3)와 같은 효과

[1] 4 5 6 4 5
Warning message: In x + z : longer object length is not a multiple of shorter
object length
```

- z는 길이가 5인 벡터인데, 길이가 3인 벡터 x와 덧셈연산을 실시하였다. x의 길이가 5가 되도록 첫 두 성분을 재사용해 길이를 늘여 덧셈을 실시한다.

⑩ 논리값으로 구성된 논리값 벡터(logical vector)를 사용할 수 있다.

R-code 4.21

```
x <- 1:10; y <- rep(5, 10); z <- x<5        # less than sum(z)
x<=5    # less than or equal to
x==5    # equal

(x>5)&(y<2)      # and
(x<5)|(y<2)      # or , | : shift+\ 한다.

[1]  TRUE  TRUE  TRUE  TRUE  TRUE FALSE FALSE FALSE FALSE FALSE
[1] FALSE .....
```

⑪ 결측치는 NA로 표시한다.

R-code 4.22

```
x <- c(1, 2, 3, NA, 5)
is.na(x)
```

```
[1] FALSE FALSE FALSE TRUE FALSE
```

- is.na(): 결측치 여부를 논리값으로 알려주는 함수
- 결측값: NA(not a avabile, missing data)
- 비 숫자: NaN(not a number)
- 무한대: Inf(infinite)
- 적절한 값이 존재하지 않음: Null

⑫ 인덱스(index) 벡터를 이용하면 주어진 벡터의 일부를 추출해 부분 벡터를 만들어 사용할 수 있다.

R-code 4.23

```
x <- -10:10; x[3]
x[1:3]
x[c(1,3,5)]
x[-2]              # x에서 두 번째 값을 제거
x[-c(1,3,5)]              # x에서 첫 번째, 세 번째, 다섯 번째 값을 제거
x <- c(1, 2, 3, NA, 5); x[!is.na(x)]
x[is.na(x)] <- 4              # 결측인 성분을 4로 채우기
x
```

```
[1] -8
[1] -10  -9  -8
[1] -10  .....
```

- 인덱스(index)에 “!”를 사용하면 해당 성분을 제외하라는 의미임

⑬ 여과(Filtering) 기능으로 조건에 충족되는 항목만 값을 추출(index)할 수 있다.

R-code 4.24

```
x <- c(1:10)
y <- x[x>5]
y
```

```
[1]  6  7  8  9 10
```

2) 배열(arrays)과 행렬(matrices)

① 배열 또는 행렬을 생성하는 가장 기본적인 방법은 벡터를 변형하는 것이다. 즉, 데이터를 일단 벡터 형태로 읽어서 배열 혹은 행렬 형태로 모양을 바꾼다. array() 함수, matrix() 함수를 이용해 생성한다.

R-code 4.25

```
x <- array(1:12, dim=c(3,4))       # 벡터 1:12를 3*4 배열로 재배치
x
x <- matrix(1:12, 3, 4)
x
x <- matrix(2, 4, 5)
x
x <- matrix(c(1, 2, 3, 4, 5, 6),
nrow = 2, ncol = 3, byrow=T)       # Readability enhanced
x
x[2, 3]           # indexed by the position
```

```
       [,1]    [,2]    [,3]    [,4]
[1,]   1       4       7       10
[2,]   2       5       8       11
[3,]   3       6       9       12
.....
```

② 기존의 벡터(들) 또는 행렬(들)을 결합해 새로운 행렬을 만들 수 있다.

R-code 4.26

```
x <- 1:5
y <- 6:10
cbind(x, y)
rbind(x, y)
B <- matrix(0, 4, 5)
cbind(B, 1:5)
A <- matrix(1:12, 3, 4)
B <- matrix(1:12, 3, 4)
C <- cbind(A, B)
C
```

```
    x  y
```

```
[1,] 1  6
[2,] 2  7
.....
```

- cbind(): 열 방향으로 결합
- rbind(): 행 방향으로 결합

③ 행렬 간 산술연산은 벡터와 마찬가지로 성분별 연산이다. 즉, 같은 성분에 있는 값끼리 연산을 실시한다.

R-code 4.27

```
A <- matrix(1:12, 3, 4)
B <- matrix(1:12, 3, 4)
A+B
A-B
A*B
A/B
```

```
      [,1]  [,2]  [,3]  [,4]
[1,]  2     8     14    20
[2,]  4     10    16    22
[3,]  6     12    18    24
.....
```

④ 두 행렬의 차원이 다를 경우 벡터와 달리 재사용 규칙이 적용되지 않고, 에러 메시지가 발생한다.

R-code 4.28

```
matrix(1:20, 4, 5) + matrix(1:10, 2, 5) # Not run...
```

```
Error in matrix(1:20, 4, 5) + matrix(1:10, 2, 5) : non-conformable arrays
```

⑤ 행렬의 각 행과 열에 이름을 부여해 사용하면 편리할 때가 있다. colnames() 함수와 rownames()를 사용하면 된다.

R-code 4.29

```
 x <- matrix(1:12, 3, 4)
 x
nrow(x)
colnames(x) <- c("alpha", "beta", "gamma", "delta")
rownames(x) <- c("A", "S", "C")
x

        [,1]    [,2]    [,3]    [,4]
[1,]    1       4       7       10
[2,]    2       5       8       11
[3,]    3       6       9       12
.....
```

- nrow(): 행의 개수를 계산하는 함수
- ncol(): 열의 개수를 계산하는 함수

3) 리스트(List)

① 리스트는 성분의 타입이 동일하지 않은 벡터로 list()를 이용해 생성한다. R 식으로 표현하자면 리스트의 성분들은 서로 다른 모드(mode)를 가진다고 할 수 있다. 리스트 또는 데이터프레임 같은 구조적 개체를 성분으로 가질 수 있어 재귀적(recursive) 자료구조를 갖게 할 수도 있다.

R-code 4.30

```
 Hong <-  list(kor.name="홍길동",  eng.name="Gil-dong",  age=45,  married=T,
no.child=2, child.ages=c(15, 12))
 Hong$age
 Hong["age"]
 Hong$child.age[2]
 str(Hong)

 [1] 45
 [1] 45
 .....
```

- 리스트의 각 성분은 이름을 가질 수 있다. 위의 kor.name, eng.name, age, married, no.child, child.age 등이다.
- 리스트의 특정 성분을 가리키고 싶을 때에는 $를 사용한다. “”를 이용해 성분 이름을 지정할 수도 있다.
- str(): 객체의 자료구조를 간단히 요약해 보여주는 함수이다.

② 벡터와 마찬가지로 리스트의 각 성분에 대해 이름 대신 위치에 따라 추출(indexing)이 가능하다. 다만 index를 표현할 때 [[1]], [[2]]와 같이 이중으로 된 [ ]를 사용해야 한다. 즉, 위에서 생성할 Hong의 두 번째 성분인 kor.name의 값을 가리키려면 Hong[[2]]과 같이 나타내면 된다.

R-code 4.31

```
Hong[[2]]
```

```
[1] "Gil-dong"
```

③ index 벡터를 이용하면 리스트 역시 부분 추출이 가능하다. 즉, Hong [c(1,2)]는 Hong의 첫 번째, 두 번째 성분을 추출하게 된다. 다만 이중으로 된 [ ]이 아니고 홑겹 [ ]을 사용한다.

R-code 4.32

```
Hong[c(1,2)]
```

```
[1] "홍길동"
[1] "Gil-dong"
```

④ 리스트에 자주 사용되는 기본 함수는 다음과 같다. is.list()는 객체가 리스트인지 여부를 논리값으로 알려주는 함수이고, lapply()는 리스트의 각 성분에 대해 같은 함수를 반복적으로 적용한 값을 되돌리는 함수이다.

R-code 4.33

```
is.list(Hong)
x <- list(a = 1:5, beta = exp(-5:5), logic = c(TRUE,FALSE,FALSE,TRUE))
x
lapply(x, mean)  # x의 각 성분의 평균값을 계산
lapply(x, quantile, probs = (1:3)/4) # x의 각 성분의 사분위수를 계산
```

```
 [1] TRUE
$a
[1] 1 2 3 4 5
$beta
 [1] 6.737947e-03 1.831564e-02 4.978707e-02 1.353353e-01 3.678794e-01
     1.000000e+00 2.718282e+00 7.389056e+00 2.008554e+01 5.459815e+01
     1.484132e+02
$logic
.....
```

- exp(): 지수함수의 값을 계산하는 함수이다.
- (1:3)/4: (1/4, 2/4, 3/4)

4) 데이터프레임(Data frame)

데이터프레임은 R에서 사용하는 데이터 저장 방식 중 가장 널리 사용되는 방식으로, 같은 길이의 벡터들을 성분으로 갖는 리스트라고 이해하면 된다. 따라서 2차원의 자료구조를 갖게 된다.

① 새로운 데이터프레임을 생성하려면 data.frame() 함수를 이용한다.

R-code 4.34

```
x <- c(10, 20, 30)
y <- c("A301", "A302", "A303")
z <- data.frame(score=x, ID=y)
z
```

```
  score   ID
1    10 A301
2    20 A302
3    30 A303
```

② data.frame() 함수에서 stringsAsFactors 옵션을 이용해 문자열 벡터 성분의 성격을 factor로 지정할 수 있다.

R-code 4.35

```
da.1 <- data.frame(x=1:5, y=c('a', 'b', 'c','d','e'))
str(da.1)
da.2 <- data.frame(x=1:5, y=c('a', 'b', 'c','d','e'), stringsAsFactors=F)
str(da.2)
```

```
'data.frame':     5 obs. of  2 variables:
 $ x: int  1 2 3 4 5
 $ y: Factor w/ 5 levels "a","b","c","d",..: 1 2 3 4 5
.....
```

③ 다음은 데이터프레임에 자주 사용되는 기본 함수의 예이다. 특히 class() 함수는 객체지향(object oriented) 프로그래밍의 측면에서 객체의 클래스 정보를 알려주거나 지정할 수 있는 유용한 함수이다.

R-code 4.36

```
typeof(da.2)             # list
class(da.2)              # data frame
is.data.frame(da.2)      # TRUE
```

```
[1] "list"
[1] "data.frame"
[1] TRUE
```

④ 데이터프레임의 특정 열(column)을 선택하려면 리스트와 같은 방법을 사용하면 된다. 다음은 R 예제데이터 1 : mydata1_1에서 각 성분을 추출하는 예이다.

R-code 4.37

```
getwd()
setwd("C:/Rdata")
getwd()
x <- read.csv("mydata1_1.csv", header=TRUE)
str(x)
```

```
x[[1]]
x$학년
```

```
''data.frame':    80 obs. of  7 variables:
 $ 성별: Factor w/ 2 levels "남자","여자": 1 2 2 2 2 2 1 2 1 1 ...
> x[[1]]
 [1] 남자 여자 여자 여자 여자 여자 남자 여자 남자 남자 남자 여자 남자 여자 여자
.....
> x$학년
 [1] 3 3 2 2 2 2 2 2 2 3 3 2 2 2 2 2 3 3 3 2 3 2 2 3 2 3 2 2 3 2 2 2 .....
```

⑤ 데이터프레임 내에 결측치가 포함된 경우, na.omit() 함수를 이용해 해당 행(row)을 골라내어 삭제할 수 있다.

R-code 4.38

```
x <- data.frame(a=1:10, b=c(1,2,NA,4,5,6,7,NA,9,10))
cumsum(x) # fails
cumsum(na.omit(x))
```

```
   a   b
1  1   1
2  3   3
3  6   NA
4  10  NA
......
   a   b
1  1   1
2  3   3
4  7   7
....
```

⑥ 여러 개의 데이터프레임을 행방향 혹은 열방향으로 붙여 새로운 데이터프레임을 만들려면 cbind() 함수와 rbind() 함수를 이용한다. 이때 데이터프레임들의 차원이 서로 같아야 한다(c는 column인 열을 뜻하고, bind는 묶다의 의미로 열로 묶겠다란 의미).

R-code 4.39

```
a <- data.frame(x=c(5, 10, 15), y=c("a", "b", "c"))
b <- data.frame(z=c(10, 20, 30))
cbind(a, b)
a1 <- data.frame(x=c(20, 25, 30), y=c("d", "e", "f"))
rbind(a, a1)
```

```
        x       y       z
1       5       a       10
2       10      b       20
3       15      c       30
        x       y
1       5       a
2       10      b
.....
```

⑦ 지정할 변수를 기준으로 두 데이터프레임을 결합할 때는 merge() 함수를 이용한다. 결합 기준 변수는 by= 옵션에서 지정하는데, 변수명에 " "을 붙여야 한다.

R-code 4.40

```
a <- data.frame(Team=c("A", "B", "C", "D"), score=c(93, 95, 97, 100))
b <- data.frame(Team=c("A", "B", "E"), score2=c(85, 75, 90))
merge(a, b, by="Team")
merge(a, b, by="Team", all=T)
```

```
        Team     score    score2
1       A        93       85
2       B        95       75
> merge(a, b, by="Team", all=T)
        Team     score score2
1       A        93       85
2       B        95       75
.....
```

⑧ with() 함수를 이용하면 보다 간결한 코딩이 가능하다. 즉, 매번 데이터프레임의 이름을 타이핑할 필요 없이 열(변수) 이름만을 사용해 코딩한다.

R-code 4.41

```
install.packages("MASS")   # for the dataset Cars93
library("MASS")
x<-("MASS")
x <- (Cars93$Price-mean(Cars93$Price))/sd(Cars93$Price)
x
x <- with(Cars93, (Price-mean(Price))/sd(Price))
x
head(x)
tail(x)
```

```
[1] -0.3736947  1.4897694  0.9928456  1.8831674  1.0860189

[1] -1.07767000  0.01970329  0.05076103  0.39239611  0.33028064
```

- head(): 데이터프레임의 처음 몇 개의 행을 화면에 출력해 내용을 확인할 수 있게 해주는 함수이다.
- tail(): 데이터프레임의 마지막 몇 개의 행을 화면에 출력해 내용을 확인할 수 있게 해주는 함수이다.

5) 요인(Factor)

R에서 사용하는 데이터 구조 중 요인은 문자형 변수로서 특정 수준값만을 가질 수 있는 데이터 타입을 의미한다. 예를 들어 A, B, O식 혈액형을 나타내는 변수를 문자형 변수를 정의할 때 이 변수가 취할 수 있는 값은 A, B, AB, O의 네 가지 값만을 가져야 할 것이고, 다른 종류의 문자가 들어오면 에러가 나야 할 것이다. 이러한 종류의 데이터 구조를 요인형이라고 한다.

① 요인형 벡터는 factor() 함수를 이용해 생성할 수 있다.

R-code 4.42

```
 blood.type <- factor(c("A", "A", "AB", "O", "O"), levels=c("A", "B", "AB",
"O"))
table(blood.type)
```

```
blood.type
A B AB O
2 0 1 2
```

- table() 함수: 도수분포표를 작성해주는 함수(빈도를 확인할 수 있는 함수)이다.

② 많은 경우 요인 구조임을 명시할 필요가 없다. 만일 특별히 요인형으로 지정하지 않은 문자열 벡터에 대해 요인형 자료를 위한 함수를 적용시키면(예: table()), R은 자동으로 데이터 구조를 요인형으로 바꾸어 처리한다.

R-code 4.43

```
blood.type <- c("A", "B", "AB", "O", "O")
table(blood.type)
```

```
blood.type
A AB B O
1 1 1 2
```

제5장

텍스트를 이용한 정보분석

5.1
텍스트 추출방법

1) https://www.bigkinds.or.kr에서 뉴스 검색 분석

(1) 빅카인즈 홈페이지에서 기본 검색어 입력: 키워드는 “정보분석”이다.

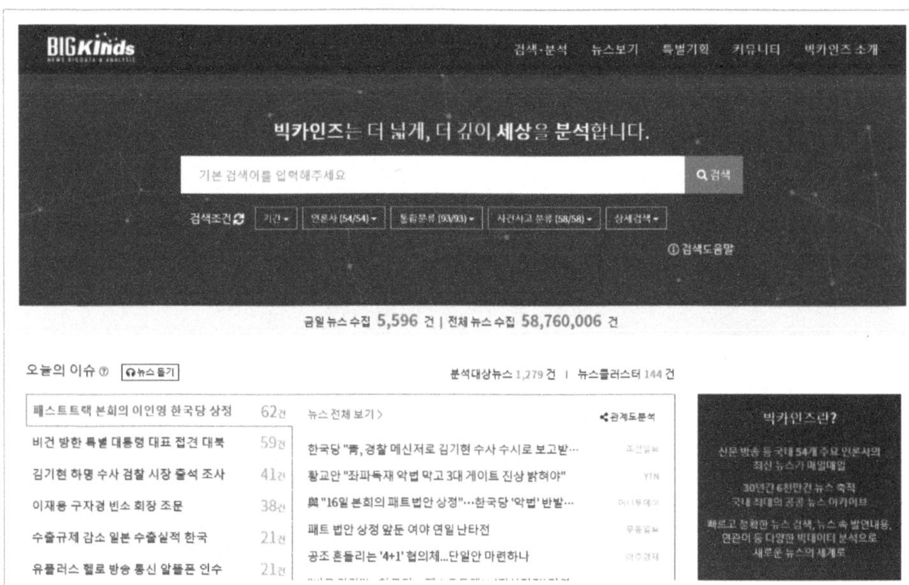

(2) 뉴스 기간 및 건수 확인: 2019년 9월 15일부터 2019년 12월 15일까지 785건이다.

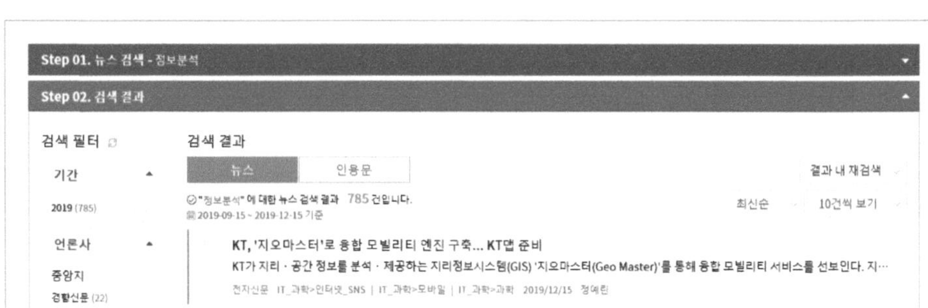

(3) 데이터 다운로드

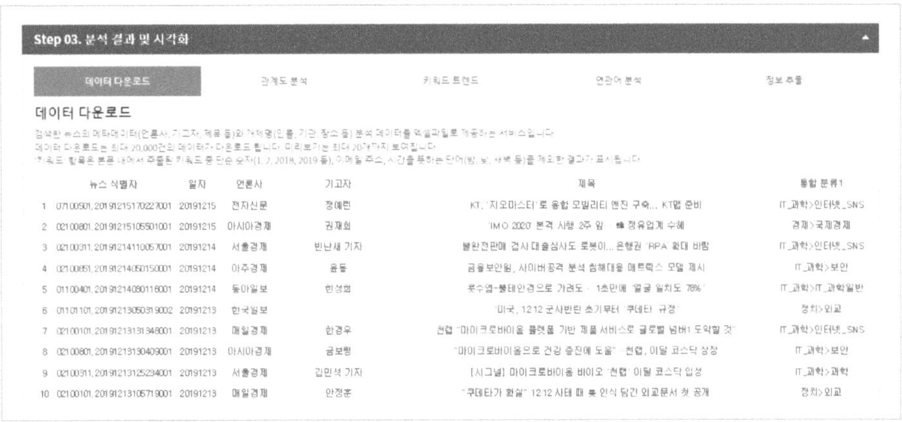

2) http://www.tagxedo.com 시각화 분석 프로그램 설치

(1) https://www.microsoft.com/silverlight/에서 silverlight를 설치한다.

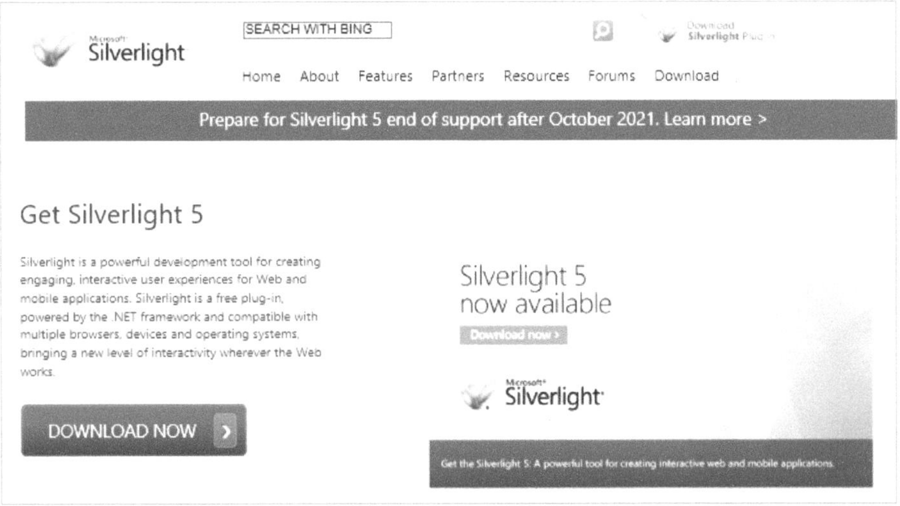

(2) http://www.tagxedo.com/에서 설치 후 데이터를 입력한다.

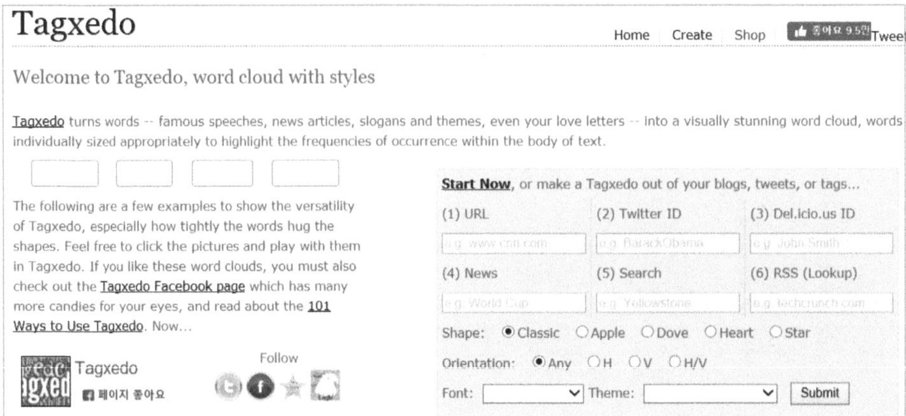

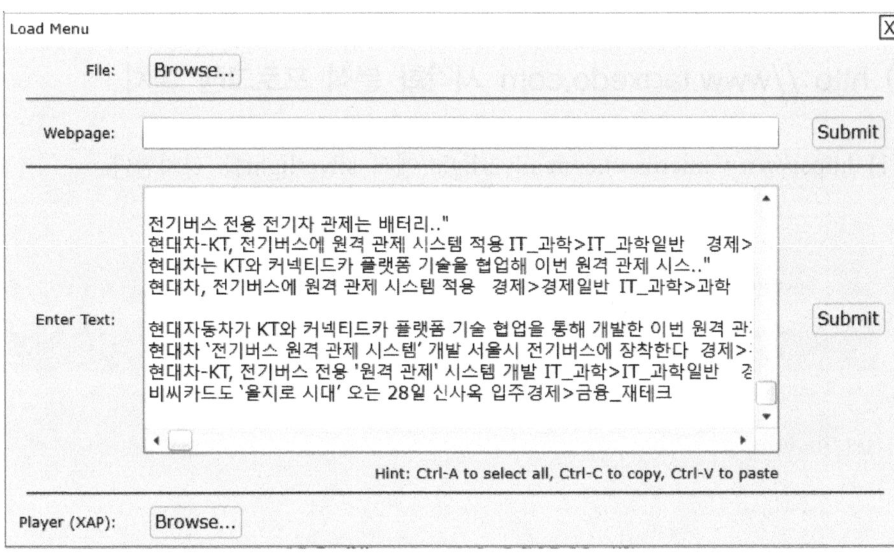

5.2

텍스트 정보분석: 키워드(정보분석)

1) 데이터 다운로드

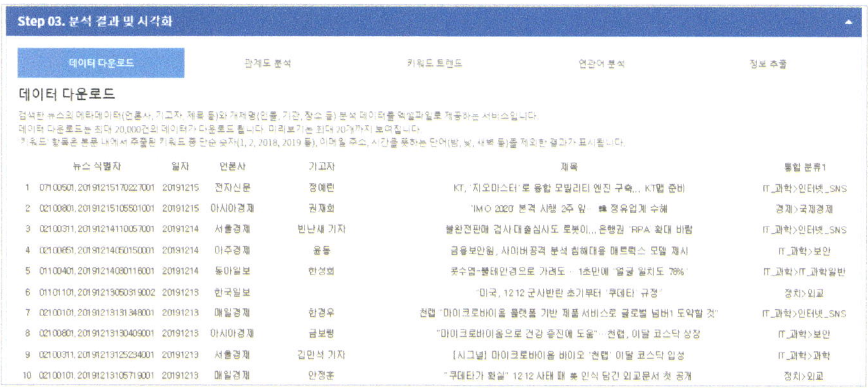

2) 관계도 분석

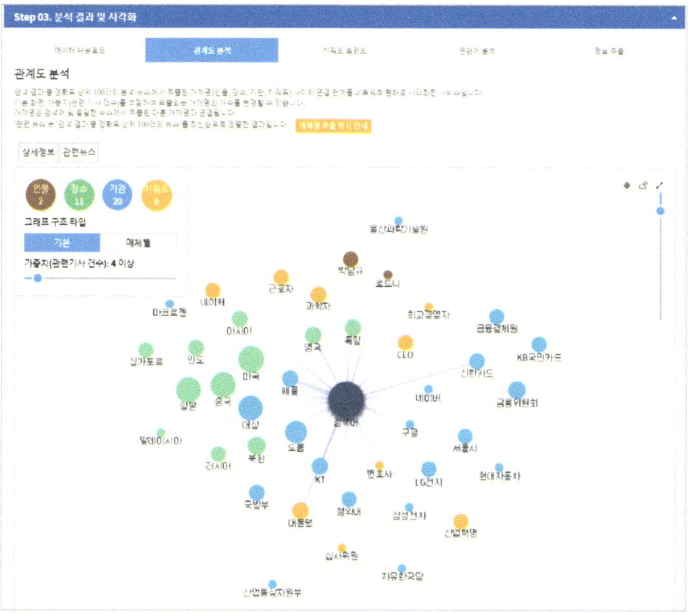

3) 키워드 트렌드 분석

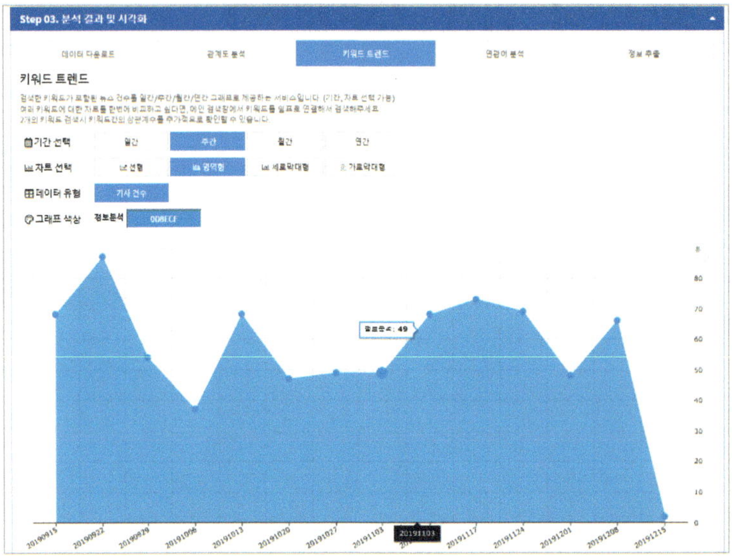

4) 연관어 분석

키워드	가중치	키워드 빈도수
AI	10	56
아시아나항공	6.81	42
빅데이터	6.69	51
인공지능	6.55	17
국무총리상	5.6	23
유전체	4.44	22
기업혁신대상	4.42	27
아시아	4	89
실시하였다	4	40
현대자동차	3.23	7
포렌식	3.2	18
Wind-AI	3.08	11
Wind	2.86	22
KT	2.86	16
LG화학	2.67	14
에디슨	2.53	10
KISTI	2.47	18
전기버스	2	41
ITC	1.71	19

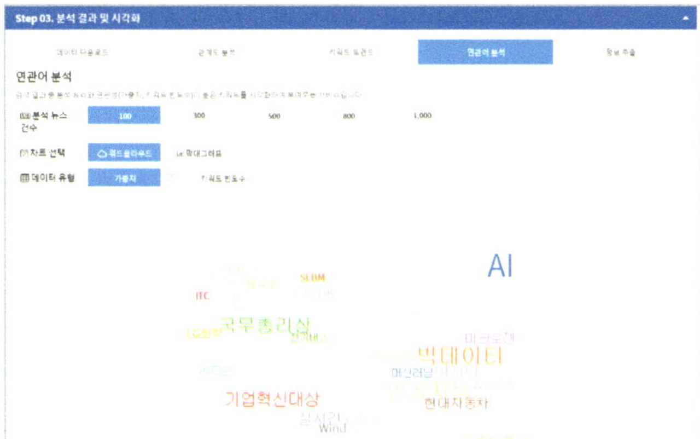
Step 03. 분석 결과 및 시각화
연관어 분석
100
300
500
800
1,000
AI
국무총리상
빅데이터
기업혁신대상
현대자동차

5) 시각화 분석

정보
데이터
과학
산업

빅데이터
세계
북한
경제
정보
과학
미국
시장

제6장

데이터 특성을 이용한 기본 정보분석

- 6.1 기본 시각화 방법
- 6.2 점분포
- 6.3 세로 막대 차트
- 6.4 히스토그램
- 6.5 파이 차트
- 6.6 누적 막대 차트
- 6.7 라인 차트
- 6.8 상자그림
- 6.9 산점도
- 6.10 버블 플롯
- 6.11 산점도행렬

6.1
기본 시각화 방법

1) 시각화 방법의 의의

분류체계에 대한 일반적인 정의는 생물학에서 비롯되었고, 비슷한 특성을 공유하는 요소들을 모아 그룹을 만드는 것을 의미한다. 요소는 차트 유형이고 이들이 공유하는 특성은 데이터를 표현하는 주요 기능들이다. 시각화 디자인에 담긴 의도를 명확하게 하기 위해서는 데이터가 본연적으로 담고 있는 내용을 보여주는데 가장 적절한 방법을 찾는 것부터 시작해야 한다.

적절한 방법을 선택한 후, 데이터 표현 선정 과정의 다른 핵심 요소를 통해 작업을 시작하면 된다.

다음과 같은 요인들을 고려하여 다양한 옵션을 가장 적합한 특정 차트 유형이나 그래픽 방식을 찾을 수 있도록 한다.

① 데이터의 물리적 특성을 잘 표현하는가?

② 시각화를 통해 전달하는 주제를 원하는 수준만큼 정확하게 나타낼 수 있는가?

③ 주제의 표현과 디자인적 일관성을 전달할 수 있는가?

종류	시각화 기능
범주 비교	범주형 값의 상대적 크기와 절대적 크기를 쉽게 비교하기 위해 사용한다. 예) 막대 그래프(bar chart)
부분과 전체의 관계에 대한 접근	값의 모집단 또는 계층 구조의 구성요소로 범주형 값의 관계를 분석하여 제공한다. 예) 파이 차트(pie chart)
시간에 따른 변화	지속적인 기간을 통해 시간 데이터를 이용하고 변화 추세와 값의 패턴을 보여준다. 예) 라인 차트(line chart)
연결과 관계 구성	다변량 데이터 사이에 존재하는 연관성 분포와 패턴을 평가하기 위해서이다. 이 종류의 솔루션은 가장 복잡한 시각적 솔루션을 반영하며, 일반적으로 탐색적 분석을 용이하게 한다. 예) 산점도(scatter plot)
지리-공간 데이터 매핑하기	다양한 다른 매핑 프레임워크를 통해 지리 공간적 특성으로 데이터 세트를 보여주고 구성한다. 예) 등치 지역도(choropleth map)

2) 적합한 도표 선택

주요 묘사 방법에 따른 차트 유형을 구성하려는 시도는 새로운 것이 아니다. 제시된 분류는 데이터 변수, 시각 변수와 차트 프레임워크 사이의 관계에 대한 생각을 조직화하는 논리적인 방법이다. 제시된 차트 유형의 대부분은 데이터를 표현하는 데 있어 다수의 특징을 보유하고, 하나 이상의 분류 방법에 속할 수 있다는 점에 주의해야 한다. 예를 들어, 영역 차트는 시간에 따른 변화를 보여주고, 범주 간의 비교도 가능하다. 차트가 다수의 특징을 갖고 있을 경우 1차적인 특징을 기준으로 차트유형을 분류했기 때문에, 이 경우 영역 차트가 갖는 1차적 특징인 시계열적 속성을 기준으로 하여 시간에 따른 변화 범주로 분류될 것이다.

① 각 차트의 이름(일반적인 명칭과 보조적인 명칭: 차트는 때로 하나 이상의 이름을 갖기도 한다.)
② 각 유형의 차트에 일반적으로 사용할 데이터 변수의 유형과 수량(대부분의 경우에 범주형 혹은 정량 변수로 충분하다.)
③ 각 차트에서 데이터를 표현할 때 사용하는 시각 변수
④ 각 차트의 기능적 목표와 적용 방법에 대한 간략한 설명
⑤ 각 차트의 모양을 설명하기 위한 예시

6.2
점분포

1) 개요

점분포(도트플롯)의 데이터 변수는 두 개의 범주형 변수와 하나의 정량변수로 구성한다. 시각화 변수는 위치, 색상-색조, 기호 등이다.

점분포는 정량적 값들을 점이나 기호를 통해 하나의 마크로 표현하며 범주형 변수들을 비교한다. 이 분류의 활용을 통해 변수의 범위와 분포를 구체적으로 볼 수 있다. 또한 다수의 범주형 변수들을 색깔과 기호의 차이로 구분하여 한 차트 안에 통합할 수도 있다. 데이터 계열이 두 개 3개 이상이면, 다소 복잡하다.

2) R-code

```
getwd()
setwd("C:/Rdata")
getwd()
r <- read.csv("khkh.csv")
dotchart(r$lifemoney, labels=row.names(r))
#dotchart(연속형 데이터)
```

3) 시각화

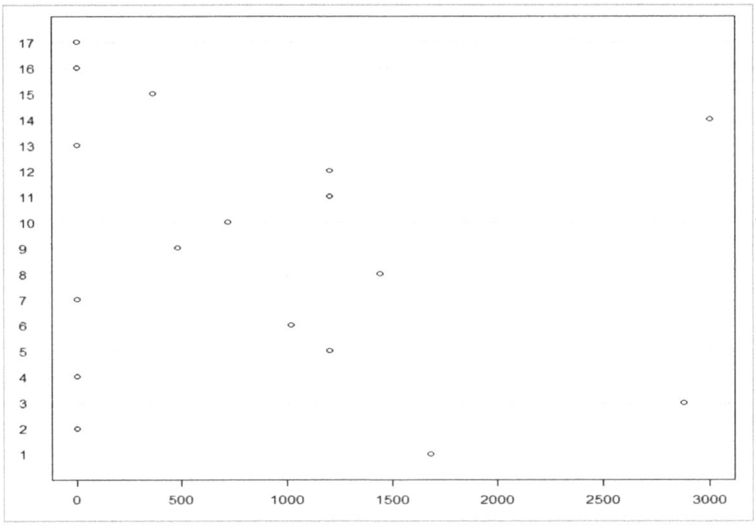

6.3
세로 막대 차트

1) 개요

세로 막대 차트는 바(bar) 차트라고도 하며, 데이터 변수 형태로는 하나의 범주형 변수와 다른 하나의 정량-비율 변수이다. 시각화 변수는 길이/높이, 색상-색조 등이다.

세로 막대 차트는 막대의 길이나 높이를 통해 데이터를 전달하고 카테고리 간 비교를 정확히 할 수 있도록 한다. 범주 간 비교는 상대적 값이나 절대적 값 모두 가능하다. 정량적 값을 표현하는 데 있어 시각 변수를 사용할 때, 비율의 전체 범위를 보여주는 것이 매우 중요하다. 따라서 막대는 항상 축의 원점에서 시작해야 한다. 독자의 이해를 돕기 위해 다음과 같은 화면처럼 색상을 사용하여 특정 범주의 값을 강조할 수 있다.

2) R-code

```
getwd()
setwd("C:/Rdata")
getwd()
r <- read.csv("kh.csv")

barplot(table(r$gender), xlab="성별", ylab="성별수",
main="성별에 따른 빈도 수",
ylim=c(0,300)) #barplot(r$gender)만 했을 시 모든 데이터에 관련된 성별이 다 나오기 때문
에 빈도를 확인하는 table() 함수를 이용

barplot(table(r$gender), xlab="성별", ylab="성별수",
main="성별에 따른 빈도 수",
ylim=c(0,300), border=NA, las=1) #위의 자료와 비교해 보기
```

3) 시각화

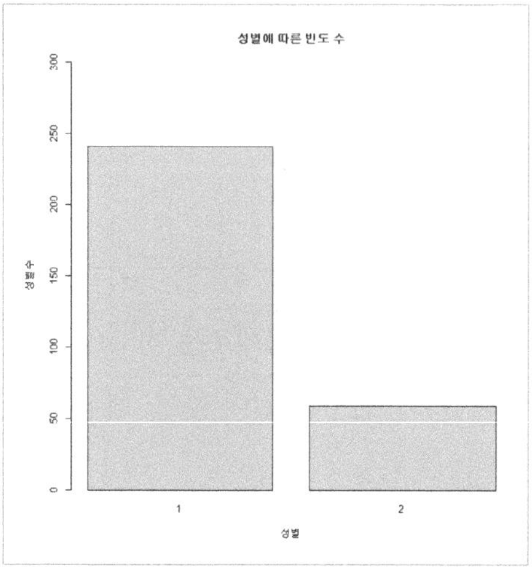

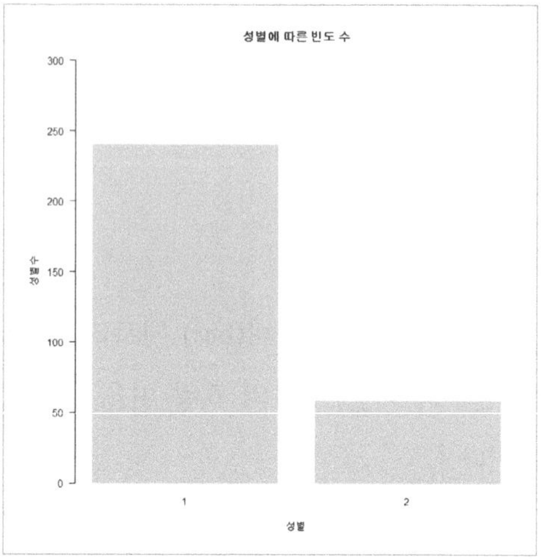

6.4 히스토그램

1) 개요

히스토그램의 데이터 변수는 하나의 정량-등간 변수와 하나의 정량-비율 변수이고, 시각화 변수는 높이, 넓이 등이다.

히스토그램은 세로 막대 차트와 주요한 차이점이 있다. 히스토그램은 x축에 정량 값으로 표현된 특정한 간격을 표시하고, 각 구간에 대응하는 값의 출현 빈도를 y축에 표현하여, 구간에 대응하는 빈도의 분포를 보여준다. 반면, 세로 막대 차트는 범주형 값의 비교를 이해하기 쉽게 표현한다. 히스토그램의 주요한 특징 중 하나는 다음 이미지에서 볼 수 있듯이 여러 막대 사이에 빈 간격이 없다는 것이다.

2) R-code(1)

```
getwd()
setwd("C:/Rdata")
getwd()
r <- read.csv("kh.csv")
hist(r$money, xlab="연봉", ylab="계급 수", main="히스토그램")
```

3) 시각화(1)

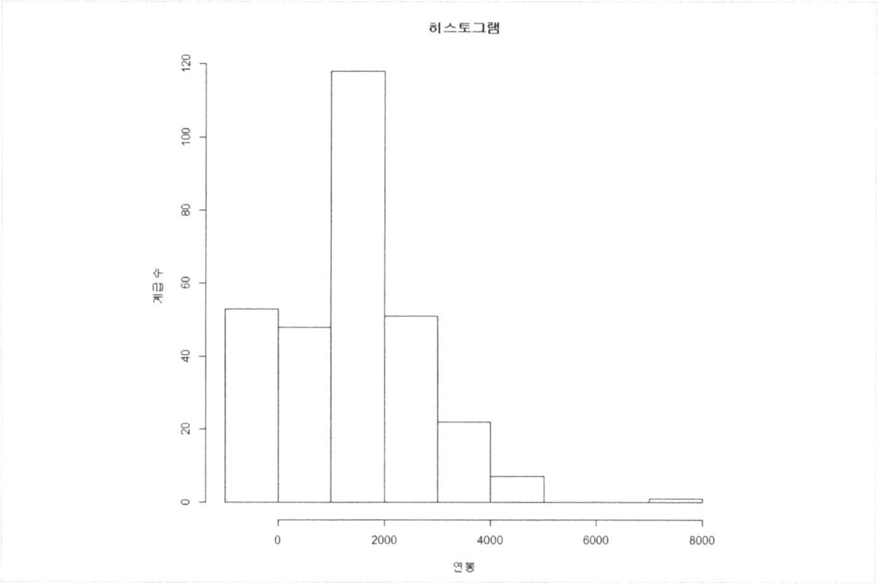

4) R-code(2)

```
hist(r$money, freq=F, xlab="연봉", main="히스토그램 및 분포")
lines(density(r$money))
```

5) 시각화(2)

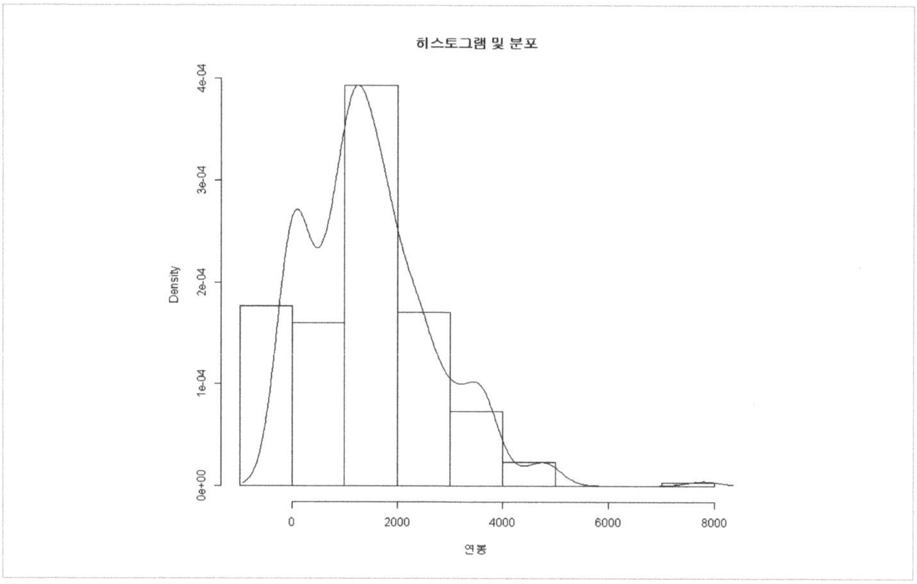

6.5
파이 차트

1) 개요

파이 차트의 데이터 변수는 하나의 범주형 변수와 하나의 정량-비율 변수이고, 시각화 변수는 각도, 면적, 색상-색조 등이다.

일반적으로 부분과 전체의 관계를 표현하기 위해서는 간단한 바(bar) 차트로 충분하다. 파이 차트가 원을 사용하는 이유는 각 범주의 각도와 면적의 비가 항상 동일하기 때문이다. 파이 차트는 기준을 만들기 위해 항상 세로축에서 첫 번째 조각을 시작하고, 표시되는 카테고리의 숫자를 최소화하고(최대 3개가 이상적임), 세그먼트를 최대한 논리적으로 배열한다. 변형된 차트로는 본질적으로 동일한 유형이지만 중간이 비어있는 도넛 차트가 있다.

2) R-code

```
getwd()
setwd("C:/Rdata")
getwd()
r <- read.csv("kh.csv")
install.packages("ggplot2")
library(ggplot2)
r$gender1 <- factor(r$gender, levels=c(1,2), labels=c("남","여"))
ggplot(r, aes(x="", y=r$money, fill=gender1)) + geom_bar(stat="identity",
width=1) + coord_polar(theta="y") + ggtitle("파이 차트")
```

※ 'labeling' no packages가 나타나면 "labeling" 설치

3) 시각화

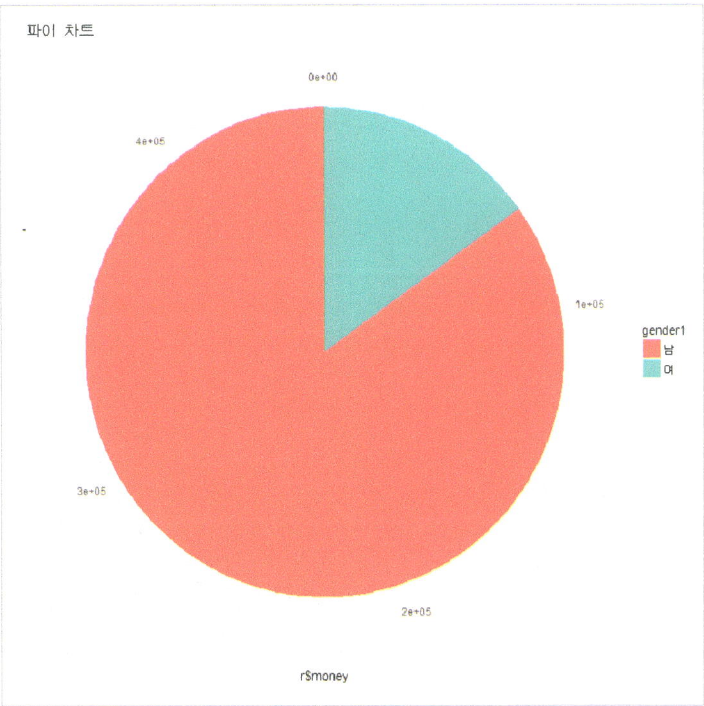

6.6
누적 막대 차트

1) 개요

누적 막대 차트는 누적 세로 막대형 차트라고도 하며 데이터 변수는 두 개의 범주형 변수, 하나의 정량-비율변수이다. 시각화 변수는 길이, 색상, 위치, 색상 채도/밝기 등으로 나타낸다.

누적 막대 차트는 직관적이고, 절댓값을 쌓거나 전체 중 분해된 일부를 보여주기 위해 표준화되어 있다. 색상과 위치는 값과 범주를 구별해준다. 범주형 값이 순서를 따른다면, 논리적으로 값을 배열하는 데 도움이 된다. 예를 들어, 리커트 척도는 반대를 나타내는 빨간색에서 찬성을 나타내는 파란색에 이르는 감정 데이터를 사용한다. 누적 막대 차트의 유일한 단점은 공통기준이 없기 때문에 정확히 막대의 길이를 읽기 어렵다는 점이다.

2) R-code

```
getwd()
setwd("C:/Rdata")
getwd()
r <- read.csv("kh.csv")
install.packages("ggplot2")
library(ggplot2)

r$study1 <- factor(r$study, levels=c(2,3,4,5,6,7,8,9), labels=c("중학교중퇴
","중학교졸업","고등학교중퇴","고등학교졸업","전문대","대졸","석사","박사"))
r$gender1 <- factor(r$gender, levels=c(1,2), labels=c("남","여"))

ggplot(r, aes(study1)) + geom_bar(aes(fill=gender1), colour="black") +
ggtitle("누적 막대 차트")
```

3) 시각화

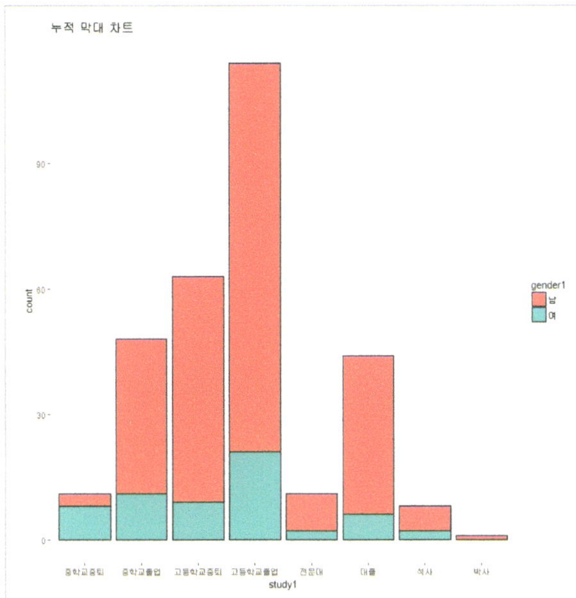

6.7 라인 차트

1) 개요

라인 차트의 데이터 변수는 하나의 정량-등간 변수와 하나의 정량-비율 변수, 하나의 범주형 변수로 이루어져 있다. 시각화 변수는 위치, 기울기, 색상-색조이다. 라인 차트는 x축의 연속적인 정량적 변수와 y축의 크기를 비교하기 위해 사용된다. 점과 점은 직선으로 연결되고, 점 사이를 이동하는 선은 결과적으로 기울기를 나타낸다. 라인 차트는 범주형 값의 상대적인 전환을 보여주는 데 유용하다. 바 차트와 달리 y축이 0에서 시작할 필요가 없다. 라인 차트는 데이터의 상대적

패턴을 보기 때문이다.

2) R-code

```
getwd()
setwd("C:/Rdata")
getwd()
r <- read.csv("weather.csv")
install.packages("dplyr")
library(dplyr)
install.packages("ggplot2")
library(ggplot2)

qplot(month, temporary, data = r, geom = "line")
```

3) 시각화

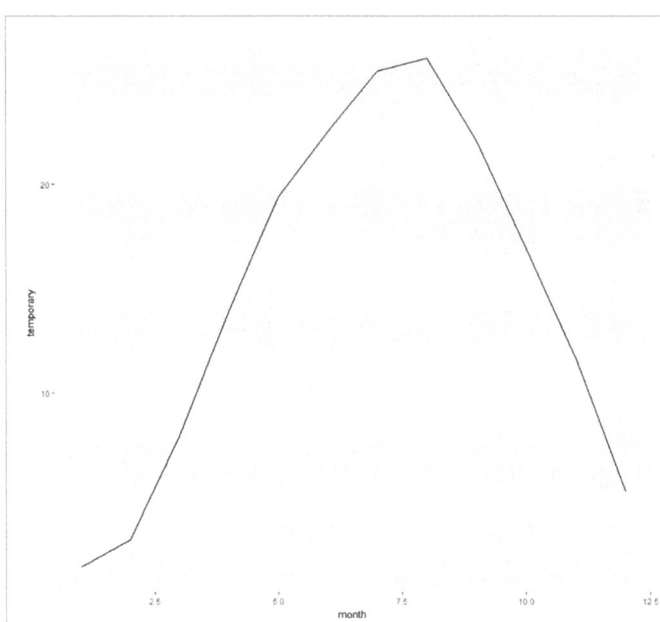

6.8
상자그림

1) 개요

상자그림의 데이터 변수는 하나의 정량-등간 변수와 네 개의 정량-비율 변수를 필요로 하고, 시각화 변수는 위치, 높이, 색상-색조 등으로 나타낸다.

상자그림을 효율적으로 해석하기 위해서는 어느 정도의 경험적 학습이 필요하다. 분석에서 박스 플롯이 표현하는 의미는 다양하다. 이 차트는 특정 값(상위와 하위 분위수뿐 아니라 중간값까지 보여주는)의 통계적 분포에 초점을 두는 박스 플롯(상자와 수염 그림, box and whiskers plot)과 유사한 개념이다.

2) R-code

```
getwd()
setwd("C:/Rdata")
getwd()
r <- read.csv("kh.csv")
install.packages("ggplot2")
library(ggplot2)
r$study1 <- factor(r$study, levels=c(2,3,4,5,6,7,8,9), labels=c("중학교중퇴
","중학교졸업","고등학교중퇴","고등학교졸업","전문대","대졸","석사", "박사"))
ggplot(r, aes(study1, money)) + geom_boxplot() + ggtitle("박스 플롯")
```

3) 시각화

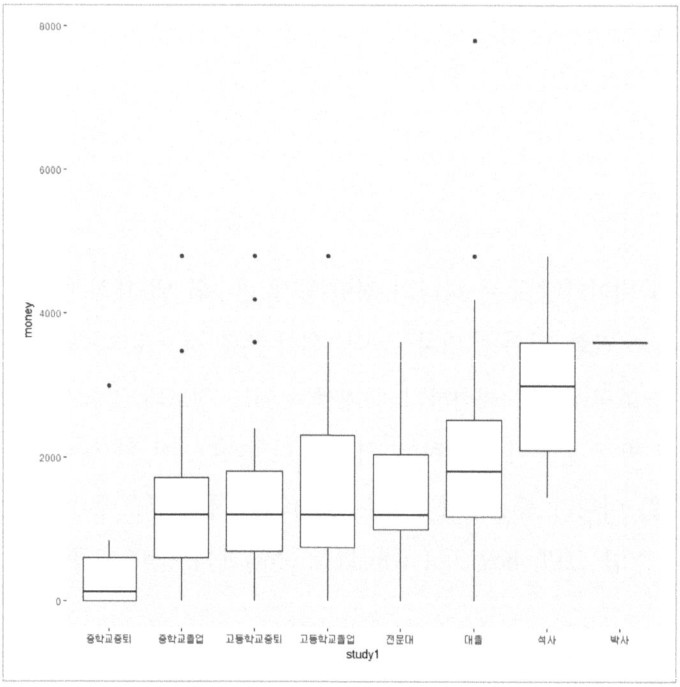

6.9
산점도

1) 개요

산점도의 데이터 변수는 두 개의 정량 변수이며, 시각화 변수는 위치, 색상-색조 등이다.

산점도는 상관관계, 군집화 이상치 패턴을 파악하기 위해 x축과 y축상에 그린 두 개의 정량 변수들의 조합이다. 이 차트는 특히 데이터 세트를 파악하고 탐색할 때 많이 쓰이는 매우 중요한 차트 유형이다.

2) R-code(1)

```
getwd()
setwd("C:/Rdata")
getwd()
r <- read.csv("kh.csv")

install.packages("ggplot2")
library(ggplot2)
install.packages("labeling")
library(labeling)

r$baby1 <- factor(r$baby, levels=c(1,2), labels=c("예","아니오")) # numeric 형태이던 것을 명목형태로 바꿔주기
ggplot(data=r, aes(x=lifemoney, y=money)) + geom_point(shape=19, size=3, colour="black")
ggplot(data=r, aes(x=lifemoney, y=money, colour=baby1)) + geom_point(shape=19, size=3) # 추가로 자녀의 유무에 따른 연봉과 생활비 산점도
```

3) 시각화(1)

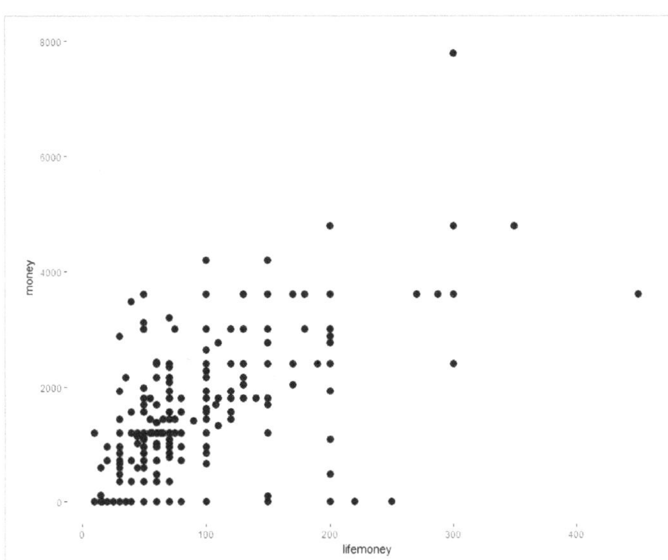

연봉과 생활비 산점도

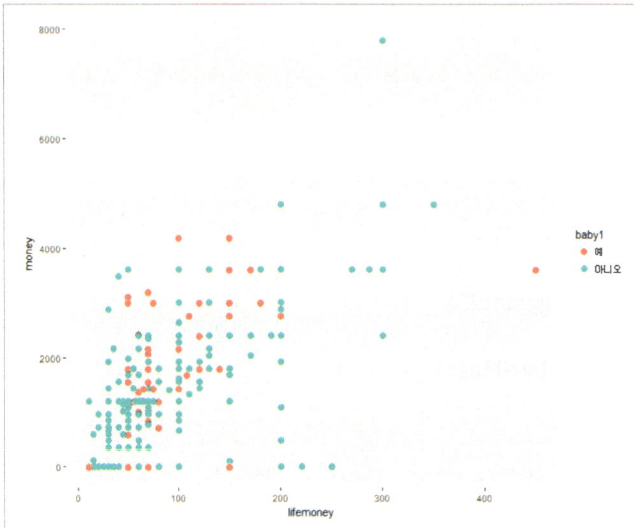

자녀의 유무에 따른 연봉과 생활비 산점도

4) R-code(2)

```
plot(r$money, r$lifemoney)
abline(a=40.3791, b=0.0336, col="red")
```

5) 시각화(2)

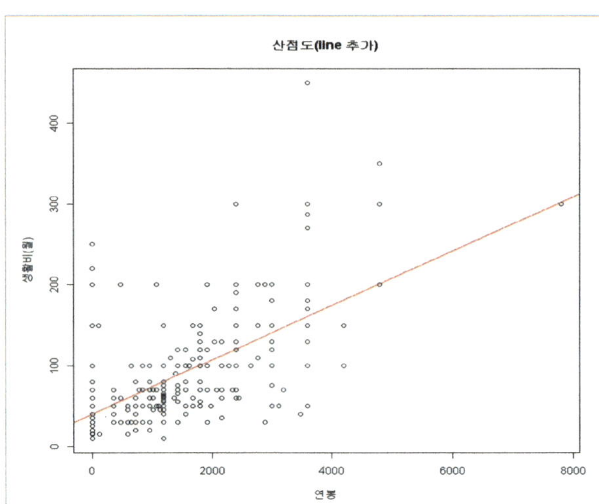

6.10
버블 플롯

1) 개요

버블 플롯의 데이터 변수는 두 개의 정량 변수와 두 개의 범주형 변수이고, 시각화 변수는 위치, 영역, 색상-색조 등이다.

버블 플롯은 데이터 마크에 여러 겹의 의미를 부여해서 산점도의 잠재력을 확장시킨다. 다음의 예에서 다양한 크기의 원과 범주에 따라 부여된 색상을 볼 수 있다. 시간이 흐름에 따라 동적으로 그려지는 버블을 통해 시간의 흐름에 따른 데이터의 변화를 추가로 볼 수 있다.

2) R-code

```
getwd()
setwd("C:/Rdata")
getwd()
r <- read.csv("kh.csv")
library(ggplot2)

r$study1 <- factor(r$study, levels=c(2,3,4,5,6,7,8,9), labels=c("중학교중퇴
","중학교졸업","고등학교중퇴","고등학교졸업","전문대","대졸","석사", "박사"))

ggplot(r, aes(x=money, y=age)) +
  geom_point(aes(size=lifemoney), shape=21, colour="grey90", fill="green",
 alpha=0.5)                                                              +
geom_text(aes(y=as.numeric(age)-sqrt(lifemoney)/10,abel=study),
 vjust=1,colour="grey40", size=3) + scale_size_area(max_size = 15)
# 범례 없애려면 guide=FALSE
  ggtitle("버블 차트")
```

3) 시각화

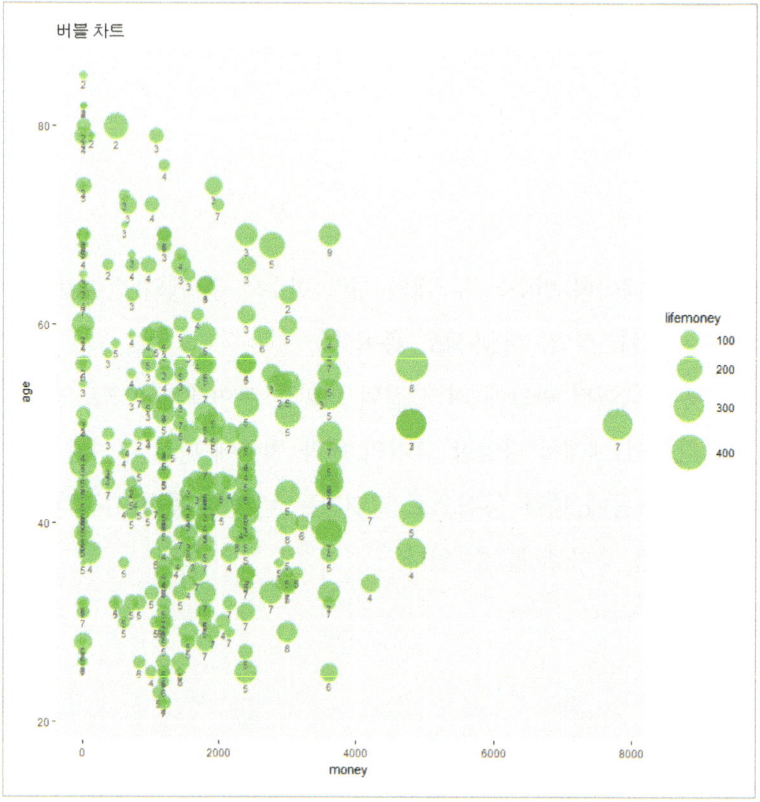

6.11
산점도행렬

1) 개요

산점도행렬의 데이터 변수는 두 개의 정량 변수와 두 개의 범주형 변수이고, 시각화 변수는 위치, 색상-색조 등이다. 산점도행렬은 비슷한 유형의 차트를 여러 개 동시에 보면서 패턴을 발견한다.

2) R-code

```
getwd()
setwd("C:/Rdata")
getwd()
r <- read.csv("kh.csv")
r1 <- r[c("age","money","lifemoney")] # 정량데이터만 추출
plot(r1) # 기존 r에서 제공해주는 함수 사용
```

3) 시각화

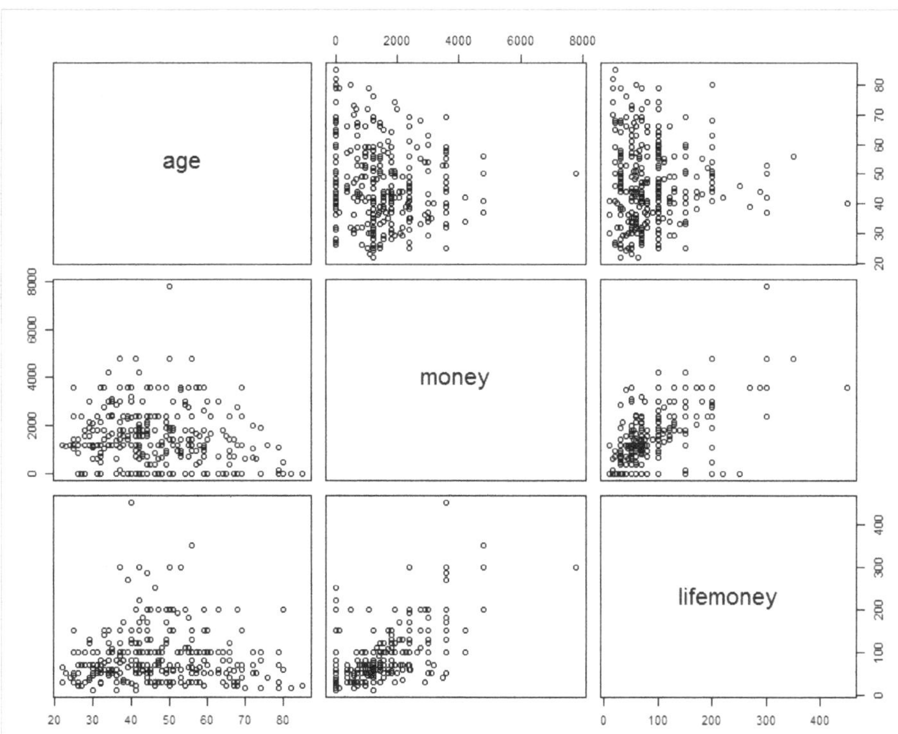

제7장

데이터 특성을 이용한 응용 정보분석

7.1

해바라기 산점도

1) 개요

해바라기 산점도는 좌표상에서 중복된 점에 대해서 그 중복된 개수만큼 꽃잎으로 표현한 산점도이다. 그러므로 plot() 함수를 사용한 산점도보다는 유용하게 사용할 수 있다. plot() 함수로 산점도를 그리면 동일한 좌표점에 여러 점이 있더라도 하나의 점으로 출력되기 때문에 정보의 손실이 발생한다. 물론 대안으로 jitter() 함수를 이용해서 노이즈(noise)를 주면 중첩되지 않고 비슷한 위치에 여러 개의 점을 모을 수 있다. 그리고 해바라기 산점도를 이용하는 것도 대안이 될 수 있다. 단, 점들이 밀집해 있을 경우에 오히려 그래프가 산만할 수도 있다는 단점이 있다. 해바라기 산점도는 모양이 해바라기꽃 같아서 해바라기 산점도라고 한다.

sunflowerplot()는 해바라기 산점도(sunflower scatter plot)를 그리는 함수로 원형은 다음과 같다.

```
#Default S3 method:
sunflowerplot(x, y = NULL, number, log = "", digits = 6,
xlab = NULL, ylab = NULL, xlim = NULL, ylim = NULL,
add = FALSE, rotate = FALSE,
pch = 16, cex = 0.8, cex.fact = 1.5, col = par("col"), bg = NA, size = 1/8,
seg.col = 2, seg.lwd = 1.5, ...)

# S3 method for class 'formula'
sunflowerplot(formula, data = NULL, xlab = NULL, ylab = NULL, ...,
             subset, na.action = NULL)
```

2) R-code

해바라기 산점도와 plot() 함수를 이용한 산점도, jitter() 함수와 plot() 함수를 이용한 산점도를 비교한다.

```
x <- NULL
y <- NULL
for(i in 1:100){
  x <- c(x, rep(ifelse(i%%10 == 0, 10, i%%10),i))
  y <- c(y, rep((i-1) %/% 10 +1, i))
}
#(1)
t(table(x, y))

#(2)
layout(matrix(c(1,1,2,3),ncol = 2, byrow =T))
sunflowerplot(x,y, ylim = c(0.5, 5.2))
title(main = "해바라기 산점도")
text(x = ifelse(1:100 %% 10==0, 10, 1:100 %% 10), y=((1:100 -1)%/%10+1) - 0.5,
     as.character(1:100))
plot(x, y, pch = 16)
title(main = "scatter plot by plot")
plot(jitter(x), jitter(y), pch = 20)
title(main = "scatter plot by plot using jitter")
```

3) 시각화 결과

분석 결과 x, y 파라미터에 대한 (x, y) 좌표의 도수분포가 (1)처럼 1부터 100까지의 값을 갖도록 데이터를 만들었다. 그리고 이를 sunflowerplot() 함수를 이용해서 해바라기 산점도를 그려보고, plot() 함수와 jitter() 함수를 응용한 plot() 함수로 출력하였다.

먼저 해바라기 산점도는 도수가 1인 경우에는 꽃잎이 없이 점(꽃술)만 출력하고, 2부터는 도수에 따라 꽃잎을 그렸다. 도수가 20을 넘어서면 꽃잎의 수를 헤아리기는 어렵고, 다만 모양으로 도수의 규모를 파악해야 한다. 그리고 plot() 함수를 이용한 산점도에서는 도수가 1이든 100이든 점이 하나의 좌표점에 출력되어서 단 하나의 점만 출력되는 것처럼 보인다. 그러므로 분포의 정확한 모습을 파악하지 못한다. 그래서 jitter() 함수를 이용해서 좌표점들에 노이즈를 주어 산점도를 그린 것이 세 번째 플롯이다. 이 경우에는 도수의 분포를 알 수 있지만 모든 산점도에 적용되지는 않는다. 따라서 데이터의 대략적인 특성을 파악한 후에 사용할 수 있다.

시각화 결과 (1)

```
> t(table(x, y))
    x
y      1   2   3   4   5   6   7   8   9  10
  1    1   2   3   4   5   6   7   8   9  10
  2   11  12  13  14  15  16  17  18  19  20
  3   21  22  23  24  25  26  27  28  29  30
  4   31  32  33  34  35  36  37  38  39  40
  5   41  42  43  44  45  46  47  48  49  50
  6   51  52  53  54  55  56  57  58  59  60
  7   61  62  63  64  65  66  67  68  69  70
  8   71  72  73  74  75  76  77  78  79  80
  9   81  82  83  84  85  86  87  88  89  90
  10  91  92  93  94  95  96  97  98  99 100
```

시각화 결과 (2)

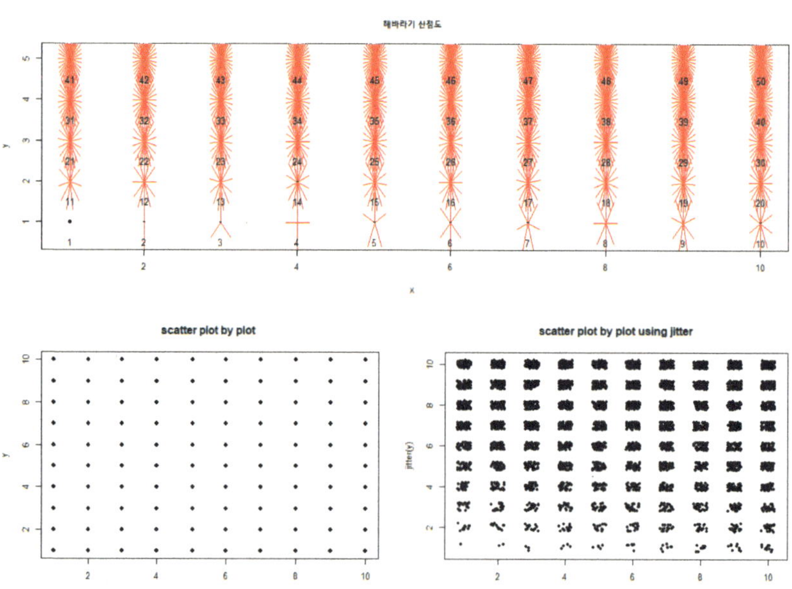

7.2

심볼(symbols) 플롯

1) 개요

심볼 플롯은 x-y 좌표 위에 심볼을 출력하는 플롯으로 심볼의 종류는 원(circles), 정사각형(squares), 사각형(rectangles), 별(stars) 그림, 온도계(thermometers) 그림, 박스플롯(boxplots)의 여섯 가지 종류가 있다.

symbols() 함수는 심볼(symbols) 플롯을 그리는 데 사용하며, 함수 원형은 다음과 같다.

```
symbols(x,y = NULL, circles, squares, rectangles, stars,
        thermometers, boxplots, inches = TRUE, add = FALSE,
        fg = par("col"), bg =NA,
        xlab = NULL, ylab = NULL, main = NULL,
        xlim = NULL, ylim = NULL, ...)
```

2) R-code

```
ex <- par(no.readonly = TRUE)
x <- round(rnorm(30), 2)
y <- round(rnorm(30), 2)
z1 <- abs(round(rnorm(30), 2))
z2 <- abs(round(rnorm(30), 2))
z3 <- round(runif(30), 2)
z4 <- round(runif(30), 2)
z5 <- round(runif(30), 2)
par(mfrow = c(2,2))
symbols(x, y, circles = abs(x), inches = 0.2, bg = 1:30)
title(main = "symbols are circles")
symbols(x, y, squares = abs(x), inches = 0.2, bg = 1:30)
title(main = "symbols are squares")
```

```
symbols(x, y, rectangles = cbind(abs(x), abs(y)), inches = 0.2, bg = 1:30)
title(main = "symbols are rectangles")
symbols(x, y, stars = cbind(abs(x), abs(y), z1, z2, z3), inches = 0.2, bg =
1:30)
title(main = "symbols are stars")
symbols(x, y, thermometers = cbind(abs(x), abs(y), z4), inches = 0.2, bg =
1:30)
title(main = "symbols are thermometers")
symbols(x, y, boxplots = cbind(abs(x), abs(y), z3, z4, z5), inches = 0.2, bg
= 1:30)
title(main = "symbols are boxplots")
par(ex)
```

3) 시각화 결과

시각화 결과

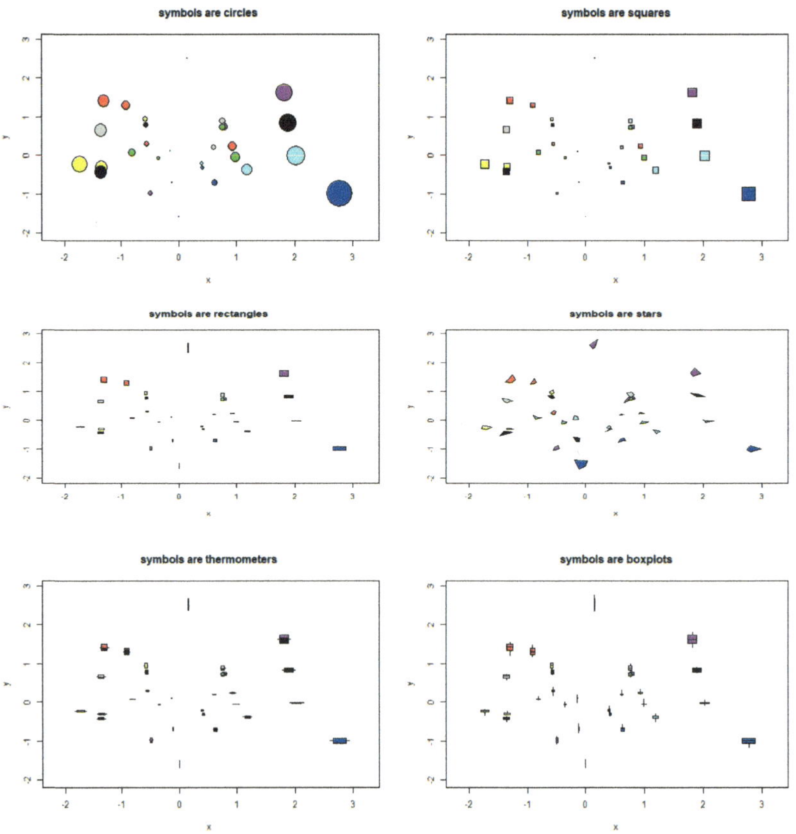

7.3

어소시에이션 플롯(association plot)

1) 개요

코햄, A.(Cohen, A.)와 프렌들리, M.(Friendly, M.)이 고안한 어소시에이션 플롯은 2차원 분할표로부터 행과 열의 독립 여부를 판단하는 플롯을 그려준다. 그래프는 피어슨(Pearson)의 카이제곱 검정을 응용한 플롯이다.

assocplot() 함수는 2차원 분할표로부터 코햄-프렌들리(Cohen-Friendly)의 어소시에이션 플롯(association plot)을 그리며, 함수 원형은 다음과 같다.

```
assocplot(x, col = c("black", "red"), space = 0.3,
          main = NULL, xlab = NULL, ylab = NULL)
```

2) R-code

assocplot() 함수는 두 변수가 완전 독립인 2차원 분할표를 만들어서 어소시에이션 플롯을 나타낸다.

```
ex <- par(no.readonly = TRUE)
x <- matrix(rep(200, 4), ncol = 2, dimnames = list(c("row1","row2"),
c("col1","col2")))
#(1)
x
y <- matrix(c(200, 200, 200, 201), ncol = 2, dimnames =
list(c("row1","row2"), c("col1", "col2")))
#(2)
y
par(mfrow = c(2,1))
assocplot(x, col = 2:3, space = 0.5)
title(main = "independence data")
assocplot(y, col = 2:3, space = 0.5)
```

```
title(main = "like independence data")
#(3)
chisq.test(x)
```

```
#(4)
chisq.test(y)
par(ex)
```

3) 분석 결과

```
(1)
> x
     col1 col2
row1  200  200
row2  200  200

(2)
> y
     col1 col2
row1  200  200
row2  200  201

(3)
> chisq.test(x)

        Pearson's Chi-squared test
data:  x
X-squared = 0, df = 1, p-value = 1

(4)
> chisq.test(y)

        Pearson's Chi-squared test with Yates' continuity correction
data:  y
X-squared = 0, df = 1, p-value = 1
```

4) 시각화 결과

그림을 보면 완전 독립적인 첫 번째 플롯은 기준선 하나만 출력되었다. 그런데 기준선은 파선인데 중간에 두 개의 실선이 보인다. 이 실선이 높이가 0인 사각형이다. 그리고 두 번째 플롯도 독립은 아니지만 거의 독립에 가까운 데이터의 플롯이다. 잔차의 크기가 음과 양으로 거의 비슷한 높이로 나타나지만, 두 변수 간의 독립을 검정할 때는 chisq.test() 함수와 병행하여 사용하는 것이 바람직하다.

7.4
포폴드 플롯(fourfold plot)

1) 개요

포폴드 플롯은 1개나 여러 개(k개)의 계층에서 두 개의 양분성(dichotomous) 변수들 간의 연관성을 시각적으로 보여준다. 플롯은 2×2× k 분할표에서 k 개의 계층별로 2×2 분할표의 각각의 셀에 해당하는 4개의 영역에서 해당하는 도수를 출력하고, 오즈비(odds ratio)와 오즈비의 신뢰구간을 나타내는 1/4원(quarter circles)을 각각의 영역으로 나타낸다.

플롯에서는 대각선 방향의 셀은 같은 색으로 그려지며, 대각선이 아닌 인접하는 다른 셀과 1/4원의 반지름이 차이가 나면 행과 열의 두 변수 사이에 연관관계(association, 오즈비 ≠1)가 있다는 것을 의미한다. 오즈비를 위한 신뢰구간의 1/4원은 계층별로 연관관계가 없다(오즈비=1)는 귀무가설을 시각적으로 검증하는 보충 데이터로 사용된다. 여기서 일반적으로 k는 층화한 변수의 수준 개수이다.

fourfoldplot()는 2×2× k 분할표로 포폴드 플롯을 그리는 함수로, 원형은 다음과 같다.

```
fourfoldplot(x, color = c("#6699CC"),
             conf.level = 0.95,
             std = c("margins", "ind.max", "all.max"),
             margin = c(1,2), space = 0.2, main = NULL,
             mfrow = NULL, mfcol = NULL)
```

2) R-code

datasets 패키지에 UCBAdmissions 데이터 객체를 이용한다. 데이터는 1973년 미국의 UC Berkeley의 대학원 입학 허가 여부를 여섯 개의 학부별 성별로 조사한 데이터다. 데이터는 총 4,526명을 대상으로 조사하여 2×2×6의 분할표로 만든 배열 객체다. 세 가지 변수와 각 변수의 수준은 다음과 같다.

- Admit: Admitted, Rejected
- Gender: Male, Female
- Dept: A, B, C, D, E, F
- 데이터를 가지고 fourfoldplot() 함수를 학습한다.

```
ax <- aperm(UCBAdmissions, c(2,1,3))
dimnames(ax)[[2]] <- c("Yes", "No")
names(dimnames(ax)) <- c("Sex", "Admit?", "Department")
ftable(ax)
#(1) 성별 합격 여부 데이터
ax.sex <- margin.table(ax, c(1,2))
ax.sex
#(2) 성별 합격/불합격 비율
prop.table(ax.sex, 1)
#(3) 성별과 합격 여부 연관성
fourfoldplot(ax.sex)
#(4) 학부와 성별 합격여부
fourfoldplot(ax)
#(5)
fourfoldplot(ax, margin = 2)
```

3) 분석 결과

분석 결과 UCBAdmission 데이터를 aperm() 함수를 이용하여 차원의 순서를 Gender, Admit, Dept의 순서로 재구성하였다. 그리고 차원의 이름을 정하고 합격 여부의 이름도 바꾸고, ftable() 함수를 이용하여 배열을 분할표로 출력해보았다. ax 배열 객체를 (1)과 같이 margin.table() 함수를 이용해서 성별과 합격 여부의 2×2 분할표를 만든 후 이 데이터를 성별로 합격률을 알아보기 위해서 (2)와 같이 prop.table() 함수를 사용하였다. 결과를 보면 남자의 합격률이 44.5%이고 여자의 합격률이 30.3%로 남자가 여자보다 합격률이 10% 이상 높게 나타났음을 알 수 있다.

```
             Department   A   B   C   D   E   F
Sex     Admit?
Male    Yes             512 353 120 138  53  22
        No              313 207 205 279 138 351
Female Yes               89  17 202 131  94  24
        No               19   8 391 244 299 317
> #(1) 성별 합격 여부 데이터
         Admit?
Sex        Yes   No
  Male    1198 1493
  Female   557 1278
> #(2) 성별 합격/불합격 비율
         Admit?
Sex              Yes        No
  Male    0.4451877 0.5548123
  Female 0.3035422 0.6964578
```

4) 시각화 결과

(3)과 같이 fourfold() 함수로 2×2 분할표를 포폴드 플롯으로 그려 왼쪽 그림과 같은 플롯이 도출되었다. 플롯을 보면 네 개의 각 셀에 도수가 출력되었으며, 오즈비를 나타내는 1/4원과 95% 신뢰구간의 1/4원도 그려졌다. 그런데 1/4원의 크기가 달라서 성별과 합격 여부는 연관성이 있음을 알 수 있다. 남자의 합격과 여자의 불합격을 나타내는 1/4원과 95% 신뢰구간을 나타내는 1/4원이 다른 대각선의 1/4원보다 더 크게 나타났다. 이는 남자의 합격률이 여자의 합격률보다 높다는 사실을 설명하는 것이다.

(4)에 의해서 2×2×6 분할표를 포폴드 플롯으로 그려 오른쪽과 같은 플롯이 나타났다. 그림에서 B, C, D, E, F 학부의 1/4원은 거의 비슷해서 원에 가깝고, A 학부의 것은 남자의 불합격과 여자의 합격이 더 크게 나왔다. 오히려 여자가 더 합격률이 높게 나타났는데, 이는 심프슨의 파라독스(Simpson's paradox)가 발생한 것이다. 전체 데이터를 보면 남자가 합격률이 높은데 학부라는 변수를 추가하여 조사하니 여자의 합격률이 더 높게 나타났기 때문이다.

시각화 결과

(3) 성별과 합격 여부 연관성

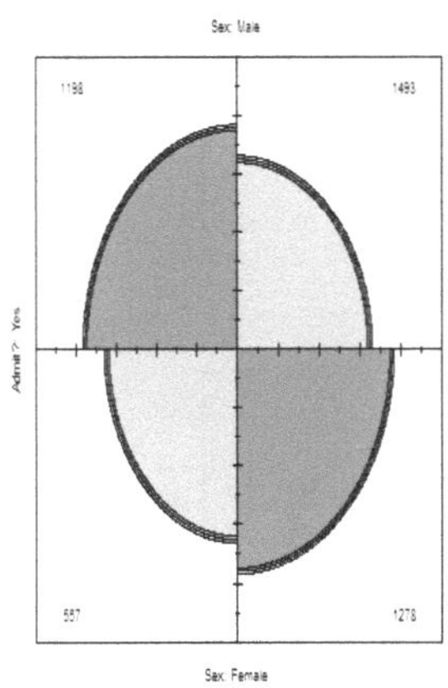

(4) 학부와 성별 합격여부

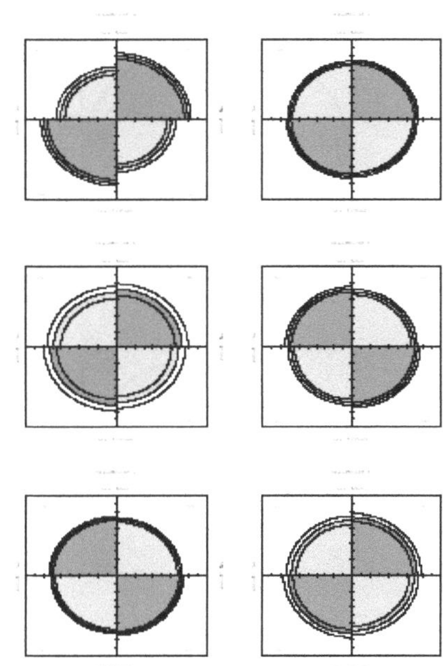

(5)에 의해서 2×2×6 분할표를 포폴드 플롯으로 그려 다음과 같은 플롯이 나타났다. 그래프는 합격 여부 변수에 대해서만 주변 확률이 같도록 표준화하여 그린 그림이다. 그림을 보면 여자의 지원자가 매우 적은 A와 B 학부에서는 여자의 합격률이 남자의 합격률보다 높게 나왔고, 여자의 지원자가 더 많은 C와 E 학부에서는 여자의 합격률이 남자의 합격률보다 낮게 나왔다. 즉, 심프슨의 파라독스가 발생한 것이다. 또한 남자와 여자의 합격률이 같은 곳에서는 수직 축을 기준으로 유의수준 범위 안에서 1/4원이 중첩되었음을 알 수 있다.

시각화 결과

(5)

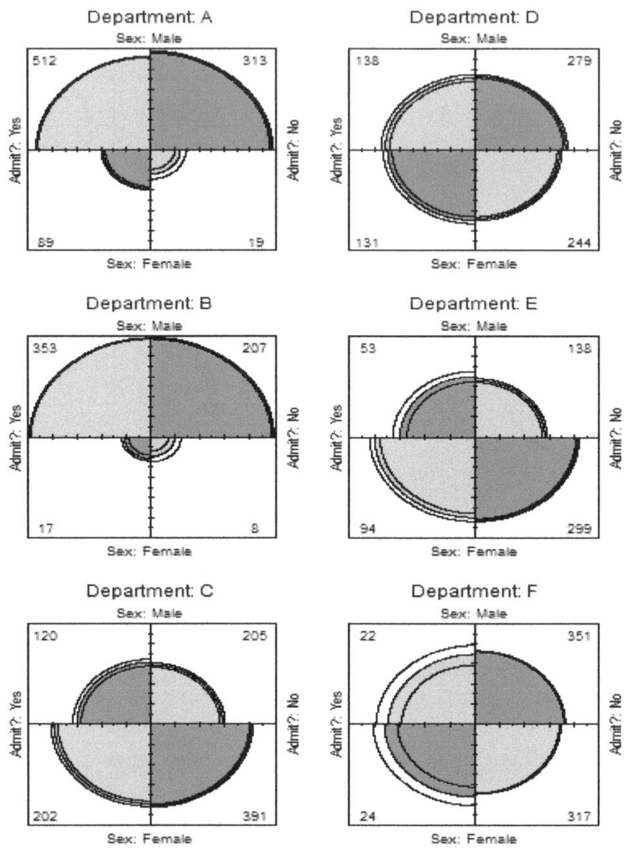
Department: A
Sex: Male
512
313
Admit?: Yes
Admit?: No
89
19
Sex: Female
Department: D
Sex: Male
138
279
Admit?: Yes
Admit?: No
131
244
Sex: Female
Department: B
Sex: Male
353
207
Admit?: Yes
Admit?: No
17
8
Sex: Female
Department: E
Sex: Male
53
138
Admit?: Yes
Admit?: No
94
299
Sex: Female
Department: C
Sex: Male
120
205
Admit?: Yes
Admit?: No
202
391
Sex: Female
Department: F
Sex: Male
22
351
Admit?: Yes
Admit?: No
24
317
Sex: Female

7.5 모자이크 플롯(mosaic plot)

1) 개요

모자이크 플롯은 분할표의 도수 크기에 비례한 크기로 사각형 모자이크 조각을 그린다. 분할표의 셀과 모자이크 조각의 위치는 같게 배치된다. 모자이크 조각의 크기를 통해 각 수준별 데이터의 분포를 쉽게 파악할 수 있다.

mosaicplot() 함수는 확장된(extended) 모자이크 플롯도 그릴 수 있다. 확장된 모자이크 플롯은 모자이크 조각들(분할표에서 각 셀들)의 색상이나 테두리 선의 종류를 달리하여 로그-선형모형(loglinear model)의 표준화된 잔차(standardized residuals)를 표현한다. 잔차의 값이 음수이면 모자이크 조각의 테두리를 파선으로 표현하고, 색상을 빨간색으로 지정한다. 잔차의 값이 양수이면 모자이크 조각의 테두리를 실선으로 표현하고, 색상을 파란색으로 지정한다. 잔차의 절댓값이 클수록 색상의 농도는 짙어진다. 어소시에이션 플롯과 유사하다. 단, 모자이크 플롯은 3차원 이상의 분할표도 지원하기 때문에 로그-선형모형을 이용하는 것이다. 여기서 사용하는 잔차의 종류는 피어슨의 카이-제곱(Pearson's chi-squared), 우도비 카이-제곱(Likelihood ratio chi-squared), 프리만-투키의 잔차(Freeman-Tukey residuals)가 있다.

mosaicplot()는 범주형 데이터(categorical data)로 모자이크 플롯(mosaic plot)을 나타내며, 함수 원형은 다음과 같다.

```
#Default S3 method:
mosaicplot(x, main = deparse(substitute(x)),
           sub = NULL, xlab = NULL, ylab = NULL,
           sort = NULL, off = NULL, dir = NULL,
           color = NULL, shade = FALSE, margin = NULL,
           cex.axis = 0.66, las = par("las"), border = NULL,
           type = c("pearson","deviance","FT"), ...)
```

```
#S3 method for class 'formula'
mosaicplot(formula, data = NULL, ...,
          main = deparse(substitute(data)), subset,
          na.action = stats::na.omit)
```

2) R-code

포폴드 플롯에서 이용하는 데이터는 버클리 대학원 입학허가에 대한 데이터로 모자이크 플롯을 그리는 예제이다.

데이터는 총 4,526명을 대상으로 조사하여 2×2×6의 분할표로 만든 배열 객체이다. 세 가지 변수와 각 변수의 수준은 다음과 같다.

- Admit: Admitted, Rejected
- Gender: Male, Female
- Dept: A, B, C, D, E, F

```
par(mfrow = c(1,2))
#(1)
mosaicplot(ax.sex, color = TRUE, las = 0, main = "color = FALSE, las = 0")
#(2)
mosaicplot(ax.sex, color = TRUE, las = 1, dir = c("h","v"), xlab = "Admit?",
ylab = "Sex", main = "color = T, las = 1,dir = c(\"h\", \"v\"), xlab, ylab")
#(3)
mosaicplot(~ Gender + Admit,data = UCBAdmissions, sort = c(2,1), color = 2:3,
las = 2, main = "formula, sort = c(2,1), color = 2:3, las = 2")
#(4)
mosaicplot(ax.sex, off = c(5,20), las = 3, shade = TRUE,
          main = "off = c(5,20), las = 3, shade = TRUE")
par(ex)
```

3) 시각화 결과

시각화 결과 (1)

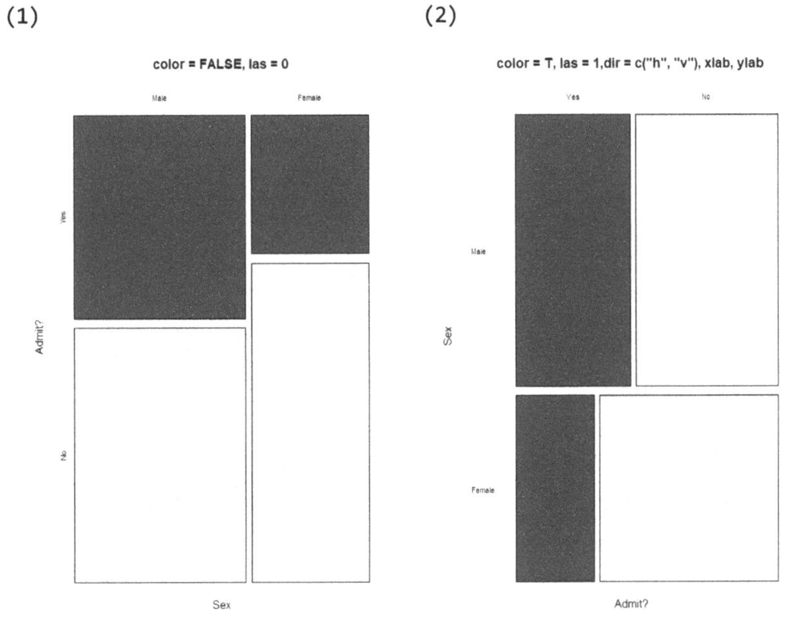

(1)의 첫 번째 플롯에서 sort 파라미터는 기본값 1:2를 가지므로 table 객체인 ax.sex의 Sex 변수와 Admit? 변수 순서로 플롯이 만들어진다. 즉, 성별 도수 크기에 비례하여 모자이크 조각이 만들어지고, 성별 조각 안에서 입학 허가 여부의 도수 크기에 비례해서 성별 모자이크 조각을 자른다. 그러므로 모자이크 조각의 가로 비율은 성별 도수의 크기에 비례하고, 세로 비율은 입학 허가 여부의 도수에 크기에 비례한다. 또한 모자이크 조각의 면적은 2×2 분할표에서 각 셀의 도수 크기에 비례한다.

플롯을 보면 남자의 도수가 여자의 도수보다 많고 남자의 합격률이 여자의 합격률보다 높음을 알 수 있다. color 파라미터는 기본값인 TRUE를 사용하여 모자이크 내부를 채우고, las 파라미터는 기본값인 0을 사용하여 x-축은 수평방향으로, y-축은 수직방향으로 라벨이 출력되었다. 즉, 라벨이 축 방향과 같은 방향으로 출력되었다.

(2)의 두 번째 플롯에서는 color 파라미터값을 TRUE로 주어 모자이크 플롯에서 지정된 색상으로 입학 허가 여부별 모자이크 조각을 구분하였다. 표현되는 마지막 변수를 기준으로 색상이 지정되는 것이다. 또한 dir 파라미터에서 모자이크 조각을 배치할 순서를 c("h","v")로 지정해서 모자이크를 가로로 먼저 잘라서 성별로 구분하였다. 마치 첫 번째 플롯을 행렬을 전치시킨 것과 유사하게 축을 바꿔서 플롯이 그려졌다.

시각화 결과 (2)

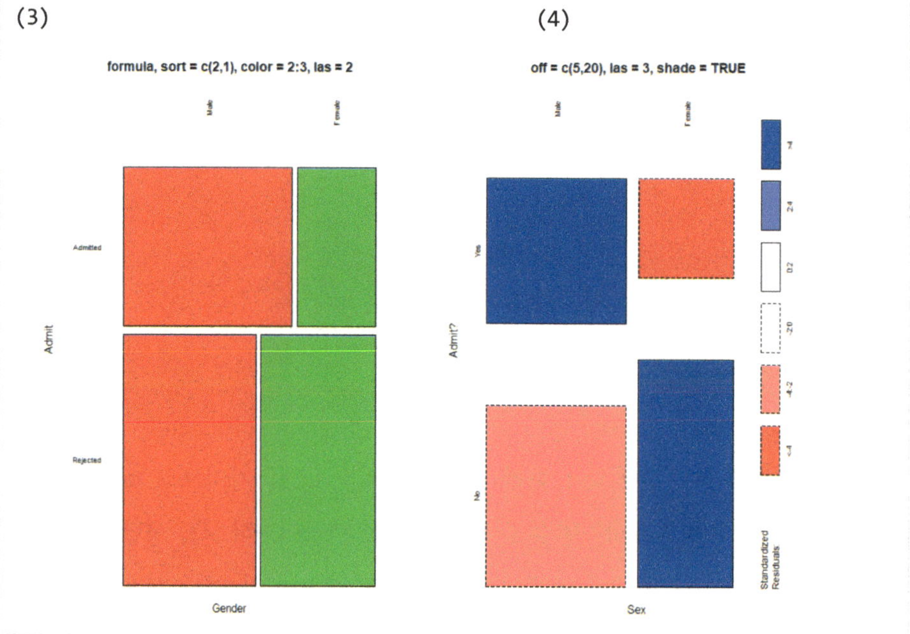

(3)에서 sort 파라미터값은 c(2,1)로 지정해서 Admit 변수와 Gender 변수의 순서로 그래프가 만들어졌다. 그래서 입학 허가 여부의 크기에 비례하여 모자이크 조각이 만들어지고, 입학 허가 여부의 조각 안에서 성별 도수 크기에 비례해서 입학 허가 여부의 모자이크 조각을 잘랐다. color 파라미터값으로 모자이크의 색상을 2번, 3번으로 바꾸었고 las 파라미터값을 2로 주어서 라벨이 각 축의 수직 방향으로 출력되었다.

(4)의 네 번째 플롯은 shade 파라미터값을 TRUE로 줘서 확장 모자이크 플롯이 만들어졌다. 이는 margin 파라미터를 기본값으로 사용한 예이다. 플롯을 보면

오른쪽에 표준화된 잔차의 구간을 5개로 나눈 범례가 출력되었다. 0보다 작은 범례에서는 사각형의 테두리가 파선이고, 잔차의 절댓값이 클수록 짙은 빨간색을 가진다. 마찬가지로 0보다 큰 범례에서는 사각형의 테두리가 실선이고 잔차가 클수록 짙은 파란색을 가졌다.

시각화 결과 남자이면서 합격한 그룹이 파란색으로, 기대도수 이상의 관측도수를 가지고 있음을 알 수 있다. 또한 여자이면서 불합격한 그룹도 파란색으로, 기대도수 이상의 도수를 가지고 있음을 알 수 있다. 이 그래프를 보면 모자이크 조각의 크기로도 각 그룹 간의 관계를 쉽게 파악할 수 있지만 표준화 잔차의 정보를 통해서 더욱 정확한 판단을 할 수 있게 된다. 플롯대로라면 남자의 합격률이 여자의 합격률보다 높다. 또한 이 플롯에서는 off 파라미터값을 c(5, 20)으로 지정하여 수직의 여백을 5%로 지정하고, 수평의 여백을 20%로 지정하였다. las 파라미터값을 3으로 모든 라벨이 수직방향으로 출력되었다.

7.6 조건부 플롯(conditioning plot)

1) 개요

coplot()은 조건부 플롯(conditioning plot)을 그리는 함수로, 함수 원형은 다음과 같다. 조건부 플롯은 특정 변수의 분포의 조건에 따른 두 변수의 산점도를 그린다.

```
coplot(formula, data, given.values, panel = points, rows, columns,
       show.given = TRUE, col = par("fg"), pch = par("pch"),
       bar.bg = c(num = gray(0.8), fac = gray(0.95)),
       xlab = c(x.name, paste("Given :", a.name)),
```

```
        ylab = c(y.name, paste("Given :", b.name)),
        subscripts = FALSE,
        axlabels = function(f) abbreviate(levels(f)),
        number = 6, overlap = 0.5, xlim, ylim, ...)
co.intervals(x, number = 6, overlap = 0.5)
```

2) R-code

quakes는 datasets 패키지에 포함된 데이터이다. 1964년 이래 피지 섬 부근에서 발생한 리히터 규모 4.0 이상의 지진에 대한 데이터이다. 다섯 개의 변수에 대한 1000개의 관측치가 있으며, 5개의 변수는 진앙지의 위도(lat), 경도(long), 깊이(depth, km), 리히터 진도(mag), 관측된 장소(stations)의 수이다.

```
dim(quakes)
is.data.frame(quakes)
names(quakes)

coplot(lat ~ long | depth, data = quakes)
```

분석 결과

```
> dim(quakes)
[1] 1000    5
> is.data.frame(quakes)
[1] TRUE
> names(quakes)
[1] "lat"      "long"      "depth"    "mag"      "stations"
```

3) 시각화 결과

시각화 결과 진앙지의 깊이를 여섯 개 구간으로 나누고, 각 구간별로 y-축에는 위도, x-축에는 경도를 표시한 산점도 패널을 만든다. 패널의 개수와 구간은 coplot() 함수의 기본값으로 계산되었으며 패널의 상단에는 변수 a, 즉 depth 변수의 구간에 대한 정보가 그림으로 그려져 있음을 알 수 있다. 패널의 순서는 왼쪽 하단부터 시작해서 오른쪽 상단으로 끝난다.

시각화 결과

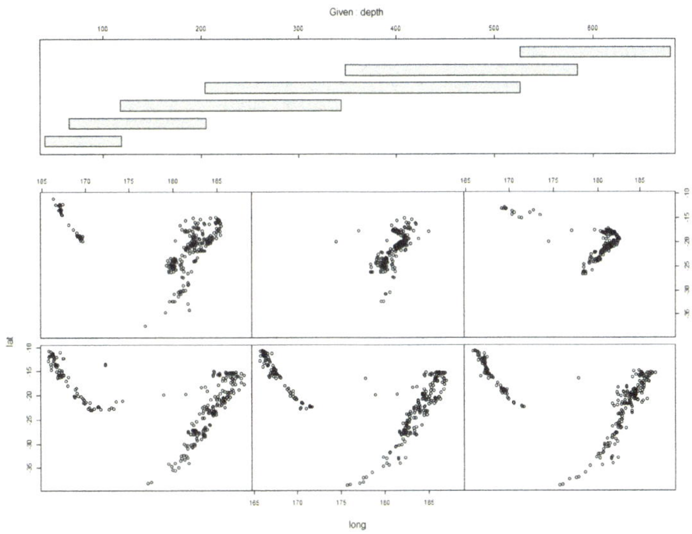

7.7
스타 플롯(star plots)

1) 개요

스타 플롯은 다변량 데이터를 이차원 평면 위에 기술하는 방법 중 하나이다. 하나의 점을 기준으로 가상의 원을 생각한다. 그리고 변수들의 개수만큼 같은 간격으로 원을 등분한다. 그리고 원을 등분한 곳에 각 변수를 할당하고, 변수 값에 비례해서 반지름을 구한다. 마지막으로 원점에서 각각의 반지름까지 선을 그리고, 각각의 변수의 끝점끼리 연결한다. 이때 가상의 원은 그림으로 표현하지 않는다. 마치 별과 유사한 모양의 그림이 나오는데, 이를 스타 플롯(stars plot)이라 한다. 하나의 관측 데이터가 아닌 여러 관측 데이터별로 스타 플롯을 그린 다음 별의 모양을 통해 관측 대상들의 유사성을 알아보는 방법이다.

stars() 함수는 스타 플롯 외에 스타 플롯과 유사한 세그먼트 다이어그램(segment diagram)도 그린다. 세그먼트 다이어그램은 파이 차트와도 유사하다. 파이 차트는 반지름이 동일하고 도수의 크기에 따라 각도가 비례한다. 하지만 세그먼트 다이어그램은 세그먼트(파이)의 각도는 동일하며 도수의 크기(scale)에 비례하여 반지름의 크기가 결정된다. 즉, 스타 플롯과 파이 차트를 섞어 놓은 플롯이다. 또한 스파이더 플롯(spider plot)이나 레이더 플롯(RADAR plot)도 나타낼 수 있다. 스파이더 플롯은 여러 개의 스타 플롯을 하나의 좌표점(location)을 기준으로 겹쳐서 출력한 플롯이다. 레이더 플롯은 여러 세그먼트 다이어그램을 하나의 좌표점을 기준으로 겹쳐서 출력한 플롯이다.

stars()는 스타 플롯과 세그먼트 다이어그램을 그리는 정보분석으로, 함수 원형은 다음과 같다.

```
stars(x, full = TRUE, scale = TRUE, radius = TRUE,
      labels = dimnames(x)[[x]], locations = NULL,
      nrow = NULL, ncol = NULL, len = 1,
      key.loc = NULL, key.labels = dimnames(x)[[2]],
      key.xpd = TRUE,
      xlim = NULL,ylim = NULL,flip.labels = NULL,
      draw.segments = FALSE,
      col.segments = 1:n.seg, col.stars = NA, col.lines = NA,
      axes = FALSE, frame.plot = axes,
      main = NULL, sub = NULL, xlab = "",ylab = "",
      cex = 0.8,lwd = 0.25, lty = par("lty"), xpd = FALSE,
      mar = pmin(par("mar"),
                 1.1+ c(2*axes+ (xlab != ""),
                 2*axes+ (ylab != ""), 1, 0)),
      add = FALSE, plot = TRUE, ...)
```

2) R-code

R dataset 패키지에서 1973년 미국의 50개 주의 강력 범죄율에 대한 데이터인 USArrests 데이터 프레임의 예제를 사용한다.

USArrests 데이터는 4개 변수에 대한 50개 주의 관측치로 이루어졌다. 변수로는 10만 명당 살인범 수인 Murder, 10만 명당 폭행범 수인 Assault, 10만 명당 강간범 수인 Rape, 도시 인구의 백분율인 UrbanPop로 이루어졌다. 50개 주 중에서 서부에 위치한 13개의 주에 대해 stars() 함수를 이용해서 4가지의 그림을 나타내면 다음과 같다.

```
ex <- par(no.readonly = TRUE)
WESTx <- USArrests[state.region == "West",]
#(1)
par(mfrow = c(2,2))
stars(WESTx, draw.segments = FALSE, len = 0.7, key.loc = c(7,2))
#(2)
title(main = "Stars Plot, unit key, len = 0.7")
stars(WESTx, draw.segments = TRUE, full = FALSE, key.loc = c(7,2))
#(3)
title(main =  "Segments Plot, unit key, full = F")
stars(WESTx, locations =  c(0,0), scale = TRUE, radius = FALSE,
col.stars = 0, key.loc = c(0,0))
#(4)
title(main = "Spider Plot, unit key, scale = T, radius = F")
stars(WESTx, locations = 0:1, scale = TRUE, draw.segments = TRUE, col.segments
= 0, col.stars = 0, key.loc = 0:1)
#(5)
title(main = "Radar Plot, unit key, scale = T")
par(ex)
```

3) 시각화 결과

시각화 결과 미국 서부 지역의 주를 얻기 위해서 (1)과 같이 state.region 벡터를 이용해 지역이 “West”인 것을 추출해서 WESTx라는 객체를 만들었다. 객체는 13개 주의 데이터를 담고 있다. state.region 데이터 객체는 dataset 패키지에 포함되어 있다.

(2)는 stars() 함수를 이용해서 스타 플롯을 그리는 방법으로 draw.segments 파라미터값을 FALSE로 하였다. 스타 플롯을 그리기 위해서는 draw.segments. 파라미터값을 FALSE로 지정해야 한다. 또한 범례를 그리기 위해서 key.loc 파라미터로 범례를 c(7, 2) 위치에 출력하였다. 결과를 보면 아리조나(Arizona), 캘리포

니아(California), 콜로라도(Colorado), 네바다(Nevada), 뉴멕시코(New Mexico) 주가 범죄율이 높고, 각 변수들의 패턴도 비슷하다. 또한 알래스카(Alaska) 주는 도시 인구의 백분율은 작은 데 반해 강력 범죄율이 높으며, 하와이(Hawaii) 주는 인구 백분율에 비해 강력 범죄율이 현저히 낮음을 알 수 있다.

시각화 결과 1

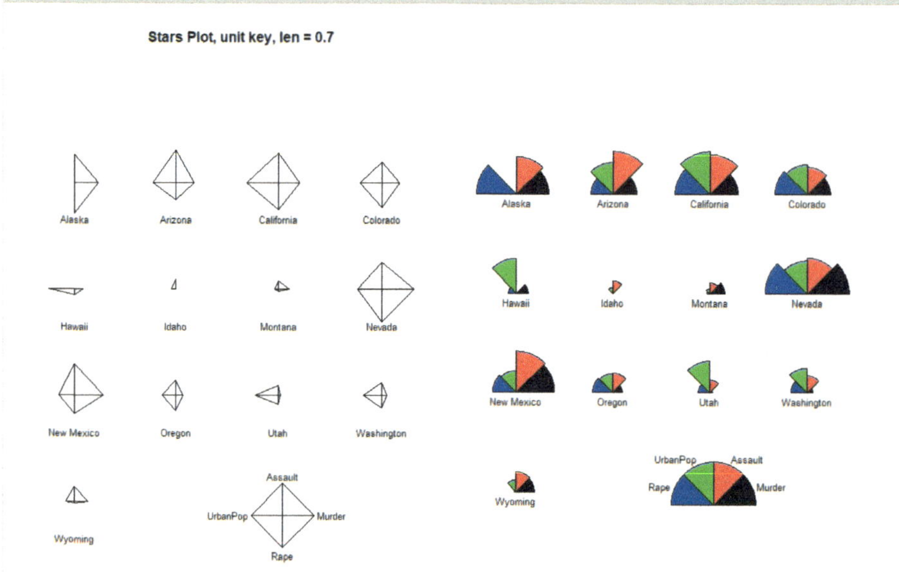

(3)은 세그먼트 다이어그램을 그리기 위해 draw.segments 파라미터값을 TRUE로 지정하였다. 또한 full 파라미터값을 FALSE로 지정해 수평선을 기준으로 하여 위쪽만 그려졌다. (2)와 마찬가지로 key.loc 파라미터를 사용하여 범례를 c(7, 2) 위치에 출력하였다. 결과를 보면 파이 차트와 유사함을 알 수 있다. 만약 full 파라미터값을 TRUE로 지정하면 파이 차트처럼 동그랗게 그려진다.

(4)는 스파이더 플롯을 그린 예로 locations 파라미터값을 c(0, 0)으로 지정하였다. 즉, 위치값을 하나만 지정하면 스파이더 플롯이 그려진다. 그리고 scale 파라미터를 TRUE로 주어서 데이터의 열별로 최댓값을 1, 최솟값을 0으로 스케일하여 그림을 그렸다. 또한 radius 파라미터값을 FALSE로 주어서 원점에서 꼭짓점까지의 선이 그려지지 않았다.

(5)는 레이더 플롯을 그린 예로 draw.segments 파라미터값을 TRUE로 주었으

며, locations 파라미터값을 한 점 c(0, 1)로 지정하였다. 그리고 scale 파라미터를 TRUE로 줘서, 각 열별 최댓값을 기준으로 스케일이 정해졌다. 또한 col.segments 파라미터값과 col.stars 파라미터값을 0으로 지정해서 레이더 플롯이 복잡하지 않게 출력하였다.

결론적으로 draw.segments 파라미터값이 FALSE이고 locations 파라미터값을 x 파라미터의 행의 개수만큼 점으로 지정한 경우 스타 플롯이 그려지고, locations 파라미터값에 한 점을 지정하면 스파이더 플롯이 그려진다. 또한 draw.segments 파라미터값이 TRUE고 locations 파라미터값을 x 파라미터의 행의 개수만큼 점으로 지정한 경우 세그먼트 다이어그램이 그려지고, locations 파라미터값에 한 점을 지정하면 레이더 플롯이 그려진다.

시각화 결과 2

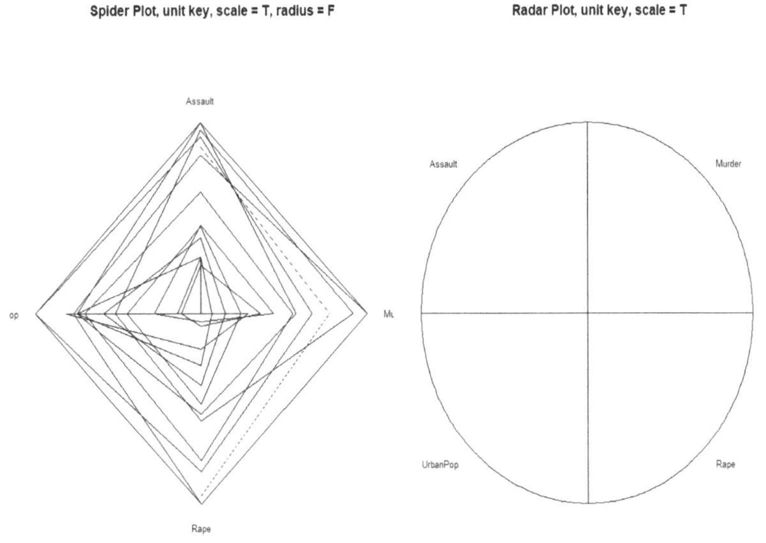

7.8
투시도

1) 개요

persp() 함수는 삼차원 데이터를 이차원의 x-y 평면에 투영하여 투시도를 그리는 함수로 함수 원형은 다음과 같다.

```
persp(x = seq(0, 1, length.out = nrow(z)),
      y = seq(0, 1, length.out = ncol(z)),
      z, xlim = range(x), ylim = range(y),
      zlim = range(z,na.rm = TRUE),
      xlab = NULL, ylab = NULL, zlab = NULL,
      main = NULL, sub = NULL,
      theta = 0, phi = 15, r = sqrt(3), d = 1,
      scale = TRUE, expand = 1,
      col = "white", border = NULL, ltheta = -135, lphi = 0,
      shade = NA, box = TRUE, axes = TRUE, nticks = 5,
      ticktype = "simple", ...)
```

2) R-code

싱크 함수(sinc function)에 persp() 함수를 추가하여 투시도로 표현한다. 싱크 함수는 사인 함수와 그 변수의 비를 이용하는 함수로 sinc(x)로 나타낸다. 이 함수로 투시도를 그리면 멕시코 밀짚모자처럼 생긴 그림을 얻을 수 있다.

다음은 persp()를 이용해서 투시도로 그리는 예제이다. persp() 함수는 도움말 페이지에 수록되어 있다.

```
#(1) sinc 함수를 정의함
x <- seq(-20, 20, length = 30)
y <- x
f <- function(x,y){r <- sqrt(x ^ 2 + y ^ 2); 10 * sin(r) / r}
z <- outer(x, y, f)
```

```
z[is.na(z)] <- 1              # 결측치의 값을 1로 바꾼다.
par(mfrow = c(1,1))
#(2) sinc함수를 투시도로 그림
persp(x, y, z, theta = 30, phi = 30, expand = 0.5, col = "lightgreen", ltheta =
120, shade = 0.75, ticktype = "detailed", xlab = "X", ylab = "Y", zlab =
"Sinc(r)") -> res
title(main = "투시도")
round(res, 3)  #persp() 함수의 반환 값

#(3) 3차원 좌표로 변환하는 함수
trans3d <- function(x, y, z, pmat){
  tr <- cbind(x,y,z,1) %*% pmat
  list(x = tr[,1] / tr[,4], y = tr[,2] / tr[,4])
}

xE <- c(-10, 10); xy <- expand.grid(xE, xE)
points(trans3d(xy[,1], xy[,2], 6, pm = res), col = 2, pch = 16)
lines(trans3d(x, y = 10, z = 6 + sin(x), pm = res), col = 3)

phi <- seq(0,2 * pi, len = 201)
r1 <- 7.725
xr <- r1 * cos(phi)
yr <- r1 * sin(phi)
lines(trans3d(xr, yr, f(xr, yr), res), col = "red", lwd = 2)
```

3) 시각화 결과

시각화 결과 방위각 30도와 여위도 30도 위치에서 투시한 플롯으로 expand 파라미터값을 0.5로 주어 z축을 축소하였다. col 파라미터를 “lightgreen”로 지정해서 표면의 색상을 녹색 계열로 지정하였는데, shade 파라미터값을 0.75로 지정해서 그림자가 드리워져 전반적으로 어두운 색을 띤다. 방위각 120도에서 조명을 비춘 것처럼 그림자 방향을 만들었다. 또한 ticktype 파라미터값을 “detailed”로 주어서 축의 눈금도 출력되었다.

trans3d() 함수는 3차원의 좌표 값을 구할 때 사용하는데, 이 함수를 통해서 앞서 그린 투시도에 몇 개의 점과 선을 출력하였다. trans3d() 함수는 재사용이 가능한 함수이기 때문에 유사한 작업이 필요할 때 사용할 수 있다.

시각화 결과

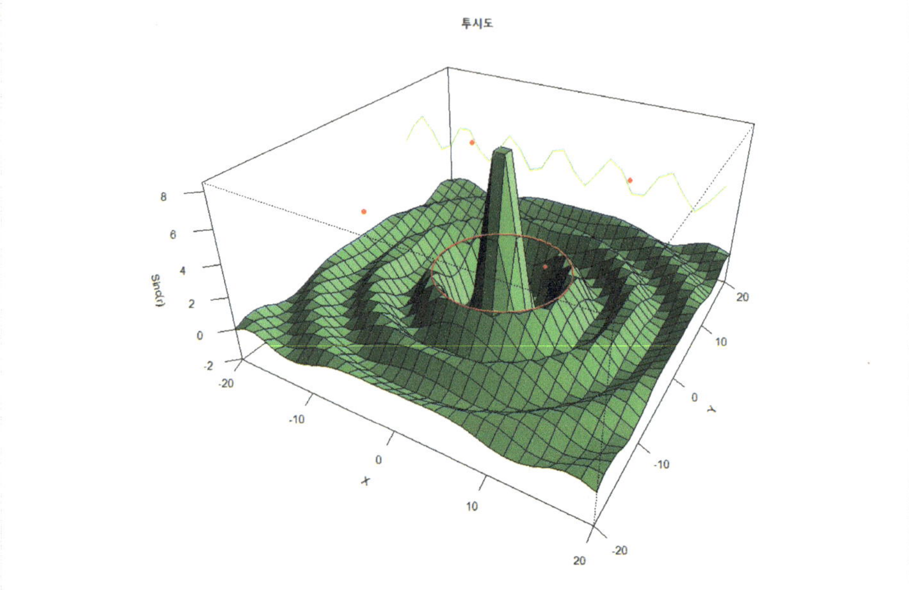

7.9

등고선

1) 개요

contour()는 삼차원 데이터로 등고선을 그리는 함수이다. contourLines()는 등고선을 그릴 수 있는 정보를 반환하는 함수이다. 이미 그려진 플롯 위에 등고선을 추가할 때 사용된다. 함수 원형은 다음과 같다.

```
contour(x = seq(0, 1, length.out = nrow(z)),
```

```
y = seq(0, 1, length.out = ncol(z)),
z, nlevels = 10, levels = pretty(zlim, nlevels),
labels = NULL,
xlim = range(x, finite = TRUE),
ylim = range(y, finite = TRUE),
zlim = range(z, finite = TRUE),
lacex = 0.6, drawlabels = TRUE,method = "flattest",
vfont, axes = TRUE, frame.plot = axes,
col = par("fg"), lty = par("lty"), lwd = par("lwd"),
add = FALSE, ...)
```

2) R-code

R dataset 패키지에서 volcano 데이터 객체를 contour() 함수를 이용해서 등고선을 그리는 예제이다. 전체적인 데이터의 입출력은 앞서 다룬 persp() 함수와 비슷하다.

```
ex <- par(no.readonly = TRUE)
rx <- range(x <- 10 * 1:nrow(volcano))
ry <- range(y <- 10 * 1:ncol(volcano))
ry <- ry + c(-1,1) * (diff(rx) - diff(ry)) / 2
tcol <- terrain.colors(12)
par(pty = "s", bg = "lightcyan")
plot(x = 0, y = 0, type = "n", xlim = rx, ylim = ry, xlab = "", ylab = "")
u <- par("usr")
rect(u[1], u[3], u[2], u[4], col = tcol[8], border = "red")
contour(x,y, volcano, col = tcol[2], lty = "solid", add = TRUE,vfont = c("sans
serif", "plain"))
title("등고선", font = 8)
abline(h = 200 * 0:4, v = 200 * 0:4, col = "black", lty = 2, lwd = 0.1)
par(ex)
```

3) 시각화 결과

시각화 결과

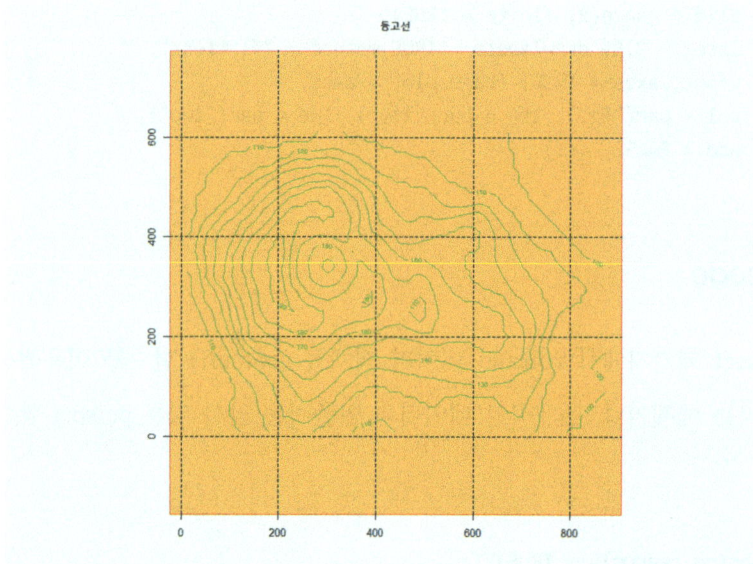

7.10
이미지 플롯

1) 개요

image() 함수는 3차원 데이터나 공간 데이터로 이미지 플롯을 나타낸다. z값에 따라 색이 다른 격자형 사각형들을 만들어서 3차원 혹은 공간 데이터를 이미지로 표현한다. 일반적으로 서역척도 수준인 순서형 범주형 데이터를 표현한다. heat.colors()

함수, terrain.color() 함수, topo.colors() 함수 등을 이용하여 열-스펙트럼이나 지형학적인 색상을 생성한 후 이미지 플롯을 그린다.

```
image(x, y, z, zlim, xlim, ylim, col = heat.colors(12), add = FALSE, xaxs = "i",
yaxs = "i", xlab, ylab, breaks, oldstyle = FALSE, useRaster, ...)
```

2) R-code

R dataset 패키지에서 volcano 데이터 객체를 image() 함수를 이용해서 이미지 플롯을 그리는 예제이다.

```
image(volcano, zlim = c(150, 200), xaxs = "r", yaxs = "r", xlab = "동서쪽", ylab
= "남북쪽")
image(volcano, zlim = c(0, 150), add = T, col = cm.colors(15), xlab = "0 to 1",
ylab = "0 to 1")
title(main = "이미지")
```

3) 시각화 결과

zlim 파라미터로 데이터를 두 개의 구간으로 나누어 image() 함수를 2번 분석하였다. add 파라미터를 TRUE로 주어 앞의 이미지 플롯에 추가한다. 두 이미지 플롯을 구분하기 위해서 앞의 image() 함수는 col 파라미터를 지정하지 않아 색상을 기본값인 heat.colors() 함수를 이용하였다. 뒤의 image() 함수는 col 파라미터값에 cm.colors() 함수를 적용하였다.

xaxs 파라미터값과 yaxs 파라미터값을 "r"로 주었기 때문에 이미지 플롯과 프레임 상자의 사이에 여백이 생겼으며, x와 y 파라미터를 사용하지 않고 z 파라미터만 사용하였기에 x 와 y가 기본값인 구간 [0, 1]을 등 간격으로 나눈 벡터를 파라미터값으로 갖는다.

두 번째 image() 함수에서 add 파라미터를 TRUE로 지정하면 앞서 그린 플롯에 이미지 플롯은 추가되지만 ylab, xlab 등의 파라미터는 적용되지 않는다. add 파라미터는 현재의 좌표축 상의 플롯 영역에 그림을 추가하는 것이기 때문에 좌표축의 이름을 변경하지는 못한다.

시각화 결과

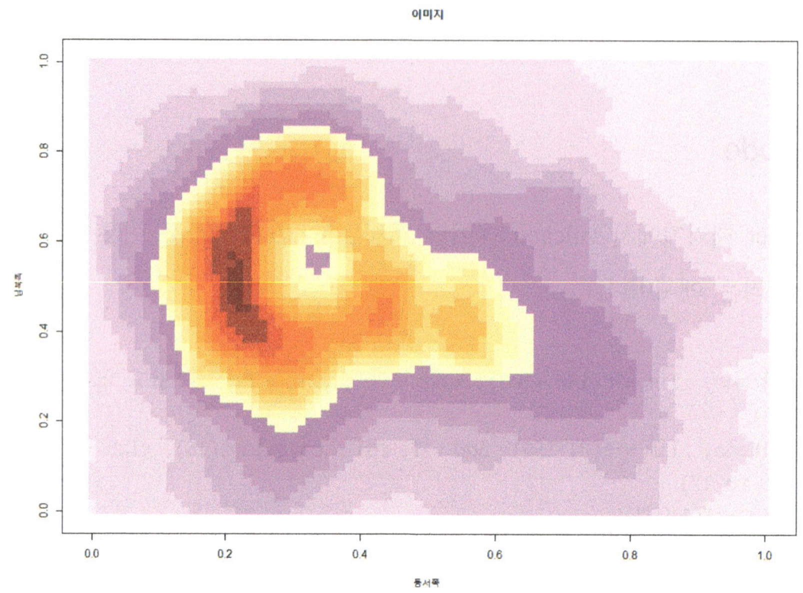

7.11
등고선과 이미지 플롯

1) 개요

filled.contour() 함수는 contour() 함수처럼 등고선을 그리고 image() 함수처럼 등고선 사이에 색을 칠한 후, 플롯의 오른쪽에는 등고선의 수준의 색상 값을 예시한 범례(key)를 위치시킨다. 즉, contour() 함수와 image() 함수의 장점을 구현한 함수다. contour() 함수와는 달리 등고선에 라벨을 출력하지 않아 범례로 해석해야 한다.

등고선과 관련된 함수의 관계를 보면 contour + image = filled.contour의 관계를 유추할 수 있다.

플롯을 정의한 벨 연구소의 클리블랜드는 이 그래프를 레벨 플롯(level plots)이라고 하였다. 함수 원형은 다음과 같다.

```
filled.contour(x = seq(0, 1, length.out = nrow(z)),
               y = seq(0, 1, length.out = ncol(z)),
               z,
               xlim = range(x, finite = TRUE),
               ylim = range(y, finite = TRUE),
               zlim = range(z, finite = TRUE),
               levels = pretty(zlim,nlevels), nlevels = 20,
               color.palette = cm.colors,
               col = color.palette(length(levels) - 1),
               plot.title, plot.axes, key.title, key.axes,
               asp = NA, xaxs = "i", yaxs =  "i",las = 1,
               axes = TRUE, frame.plot = axes, ...)
```

2) R-code

R dataset 패키지에서 volcano 데이터 객체로 filled.contour() 함수를 이용해서 레벨 플롯으로 표현한다.

```
x <- 10 * 1:nrow(volcano)
y <- 10 * 1:ncol(volcano)
filled.contour(x, y, volcano, color =  terrain.colors, plot.title = title(main
= "등고선과 이미지", xlab = "북쪽길이",ylab = "서쪽길이"), plot.axes = { axis(1,
seq(100, 800, by = 50))
axis(2, seq(100, 600, by = 50)) }, key.title = title(main = "높이(m)"),
key.axes = axis(4, seq(90,200, by = 10)))
```

3) 시각화 결과

filled.contour() 함수의 도움말 페이지에 수록된 예제다. 예제에서 plot.axes 파라미터와 key.axes 파라미터다. plot.axes 파라미터에서는 x-축과 y-축의 좌표 구간을 나누는 axis() 함수로 x-축과 y-축의 좌표축을 정의하였다. 파라미터값으로 { }로 묶인 블록이 사용되었다. key.axes 파라미터에서는 높이의 척도만 관심이 있으므로 axis() 함수에서 위치(position)를 4(오른쪽)로 지정한 하나의 좌표축만 정의하였다.

key.title 파라미터값에서는 "\n"의 개행 문자를 이용해서 메인 타이틀을 두 줄로 나누어 출력하였다. 범례(key) 영역의 가로의 크기가 매우 작기 때문에 일반적으로 한 줄로 타이틀을 표시하기에는 적절하지 않다.

시각화 결과

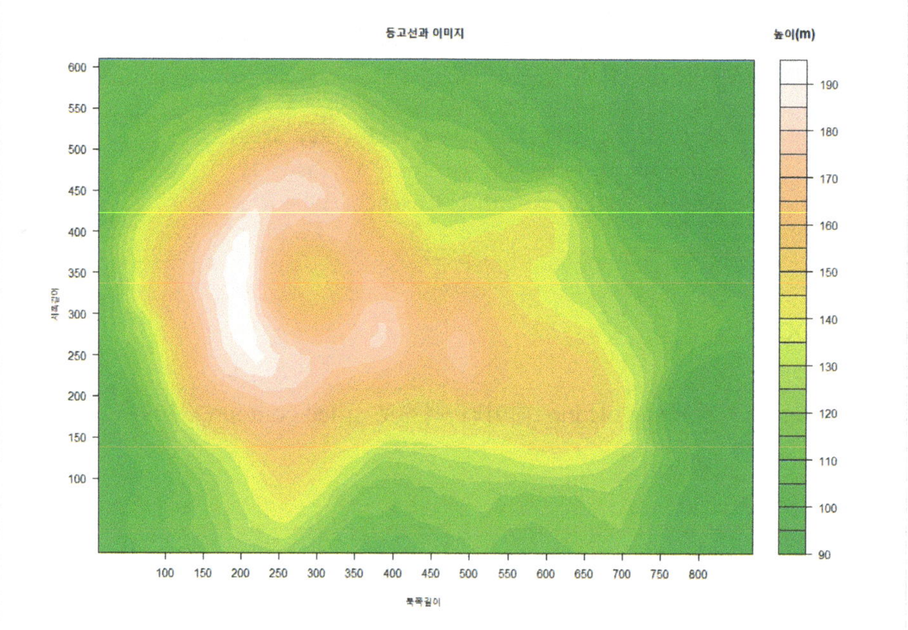

제8장

공간맵을 이용한 정보분석

8.1
공간맵 개요

최근 Geographics + Statistics의 합성어가 낯설지 않을 정도로 지리정보와 통계정보를 융합하는 시대가 되었다. 이제는 네비게이션이나 구글맵 등 지도 기반의 서비스에 익숙해졌고, 지도 위에 지역의 통계정보를 표현하는 것을 당연하게 여기고 있다. 또한 지역에 대한 통계량을 수치로 표현하는 것이 아니라 지도 위에 시각화하여 지역별 통계량의 차이를 쉽게 파악할 수 있어서 지리정보와 통계정보의 융합이 많이 시도되고 있다.

이에 따라 지리정보와 통계정보를 융합할 수 있는 기능을 제공하는 패키지들의 사용법을 알아본다. 다만 공개된 국내 지리정보 데이터들이 해외의 사례에 비해서 양적으로나 질적으로 빈약하다는 점은 아쉬운 부분이다. 가급적이면 국내 지리정보를 이용한 예제로 이들 패키지의 사용법을 설명하겠으나 일부는 해외 지리정보 데이터를 사용하겠다. 지리정보를 시각화하는 방법은 정적인 방법과 동적인 방법의 두 가지로 나눌 수 있다. 정적인 방법은 지리정보가 사용자 컴퓨터에 R 객체나 파일로 존재하고 이를 읽어서 시각화하는 방법이며, 동적인 방법은 인터넷이 연결된 환경에서 실시간으로 지리정보를 사용자 컴퓨터에 다운로드하는 동시에 시각화하는 방법이다. 따라서 정적인 방법은 지리 데이터가 준비되어야 한다. 동적인 방법은 온라인 상태의 인터넷 환경이 있어야 가능하다.

두 지리정보 시각화 방법을 지원하는 대표적인 패키지는 다음과 같다. 정적인 방법의 패키지는 maps, mapdata, mapproj, maptools, mapplots 등이며, 동적인 방법의 패키지는 RgoogleMaps, ggmap 등이다.

이 장에서는 정적인 방법을 사용하는 maps, mapdata, mapproj, maptools, mapplots 패키지 등을 다룬다. RgoogleMaps 패키지의 기능은 ggmap 패키지에서 표현이 가능하므로 ggmap 패키지를 사용한다. 대표적인 패키지 유형 maps, mapdata, mapproj에 대해 간략히 알아보자.

첫째, maps 패키지는 지도(Geographical Maps)를 그리는 패키지로, 맵(Map) 데이터베이스라 불리는 몇 개의 지도 데이터와 지도를 그리는 map() 함수 등으로 구성되어 있다. maps 패키지에서 제공하는 지리정보 데이터는 1980년대 미국에서 만든 'CIA World DataBank Ⅱ'라는 자료를 R에서 사용할 수 있게 변환한 것이다. 둘째, mapdata 패키지는 maps 패키지보다 좀 더 확장된 지도 데이터를 가지고 있다. 셋째, mapproj 패키지는 지리정보의 시각화에서 투영(projection) 기능을 지원한다.

8.2 maps 공간맵

지리정보를 나타내는 여러 개의 맵 데이터베이스와 맵 데이터베이스를 시각화하는 map 함수그룹으로 구성되어 있다.

map 함수그룹에는 맵 데이터를 시각화하는 map() 함수와 map.text() 함수, 시각화된 맵 위에 도시의 이름을 출력하는 map.cities() 함수, 위·경도의 축을 그리는 map.axes() 함수, 축척 정보를 그리는 map.scale() 함수가 있다. 위도와 경도의 좌표로 해당 포인트가 위치한 지역의 이름을 알려주는 map.where()도 유용하게 사용할 수 있다.

1) 맵 시각화 map()

(1) 개요

맵데이터베이스의 기본값은 "world"와 "world2"로 구성되어 있다. "world"는 정형화된 세계지도이고, "world2"는 경도 "0"부터 시작하는 지도이다. "france", "italy", "nz"는 프랑스, 이탈리아, 뉴질랜드 맵 데이터베이스이다. "usa", "state", "county"는 미국의 지도로 미국전체, 주단위, 카운티단위의 지도이다.

```
map(database = "world", regions = ".", exact = FALSE, boundary = TRUE, interior
= TRUE, projection = "", parameters = NULL, orientation = NULL, fill = FALSE,
col = 1, plot = TRUE, add = FALSE, namesonly = FALSE, xlim = NULL, ylim = NULL,
wrap = FALSE, resolution = if(plot) 1 else 0, type = "l", bg = par("bg"), mar
= c(4.1, 4.1, par("mar")[3], 0.1), myborder = 0.01, ...)
```

(2) R-code

```
if (!require(maps)) {
  install.packages("maps")
  library(maps)
  require(maps)
}
# maps 패키지의 데이터가 있는 디렉터리 이름 가져오기
pos <- grep("maps", searchpaths(), value=TRUE)
pos <- paste(pos, "data", sep="/")
pos
# 데이터 파일 이름 중에서 postfix가 'MapEnv'인 맵 데이터베이스 이름 가져오기
map.data <- grep("MapEnv", list.files(pos), value=TRUE)
map.data <- sapply(map.data, function(x) strsplit(x, "MapEnv")[[1]][1])
names(map.data) <- NULL
map.data

install.packages("maps")
library(maps)

ex <- par(no.readonly=TRUE)
par(mfrow=c(2, 2), mar=c(0, 0, 1, 0))
map("france")
title("databse=\"france\"")
map("france", fill=TRUE, col=2:4)
title("fill=T, col=2:4")
map("france", resolution=5)
title("resolution=5")
map("france")
map("france", "a", exact=FALSE, fill=TRUE, col="red", add=TRUE, lwd=3)
title("exact=F, add=T, lwd=5")
par(ex)
```

(3) 시각화 결과

시각화 결과 (프랑스)

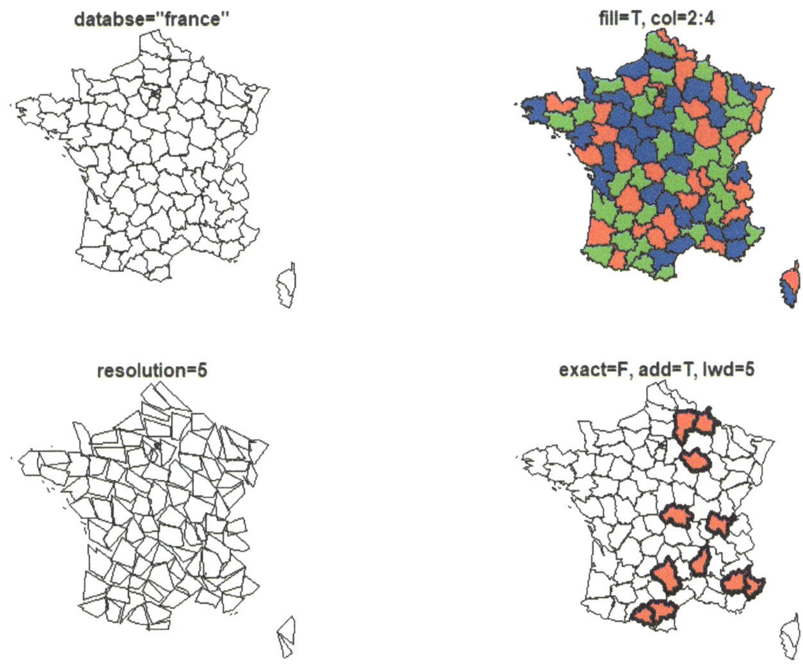

2) 맵 시각화 map.text()

(1) 개요

map.text() 함수는 map() 함수의 기능을 그대로 수행하며 추가적으로 다각형 영역 안에 지역명을 출력하는 함수이다. 지역명을 나타내는 함수 원형은 다음과 같다.

```
map.text(database, regions = ".", exact = FALSE, labels, cex = 0.75, add =
FALSE, move = FALSE, ...)
```

(2) R-code

미국 뉴욕이나 뉴저지 주의 카운티를 구분한 다각형 영역 안에 카운티명을 시각화한다.

```
par(mfrow=c(1,1))
map.text("county", "new york")
map.text("county", "new jersey")
```

(3) 시각화 결과

뉴욕 카운티 시각화 결과

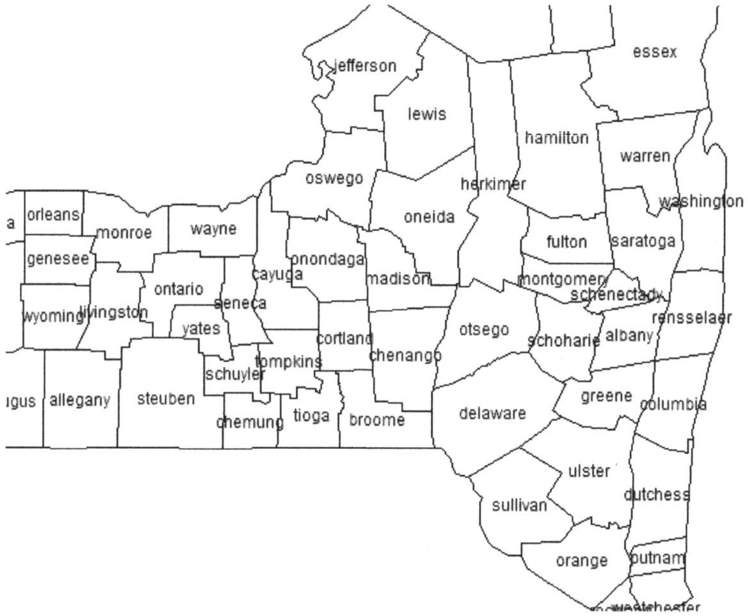

3) 도시 시각화 map()

(1) 개요

map.cities()는 이미 그려진 지도 플롯 위에 도시명을 나타내는 함수이다. 도시명을 나타내는 함수 원형은 다음과 같다.

```
map.cities(x = world.cities, country = "", label = NULL, minpop = 0, maxpop =
Inf, capitals = 0, cex = par("cex"), projection = FALSE, parameters = NULL,
orientation = NULL, pch = 1, ...)
```

(2) R-code

중국 지도로 map.cities() 함수의 이용을 도시를 시각화한다.

```
ex <- par(no.readonly=T)
par(mfrow=c(2, 2), mar=c(0, 0, 1, 0))
map("world", "China")
map.cities(country = "China", capitals = 1)
title("capitals = 1")
map("world", "China")
map.cities(country = "China", capitals = 2)
title("capitals = 2")
map("world", "China")
map.cities(country = "China", capitals = 3)
title("capitals = 3")
map("world", "China")
map.cities(country = "China", capitals = 3, minpop = 3500000, maxpop = 5000000)
title("capitals=3, minpop=3500000, maxpop=5000000")
par(ex)
```

(3) 시각화 결과

중국 지도로 도시를 시각화 결과 capitals 파라미터의 레벨에 따라 출력되는 도시 이름의 차이를 알 수 있으며, 네 번째 지도는 레벨 3을 지정한 플롯으로 인구가 3,4000,000 ~ 5,000,000에 포함된 도시가 3곳임을 나타낸다.

도시형 시각화 결과

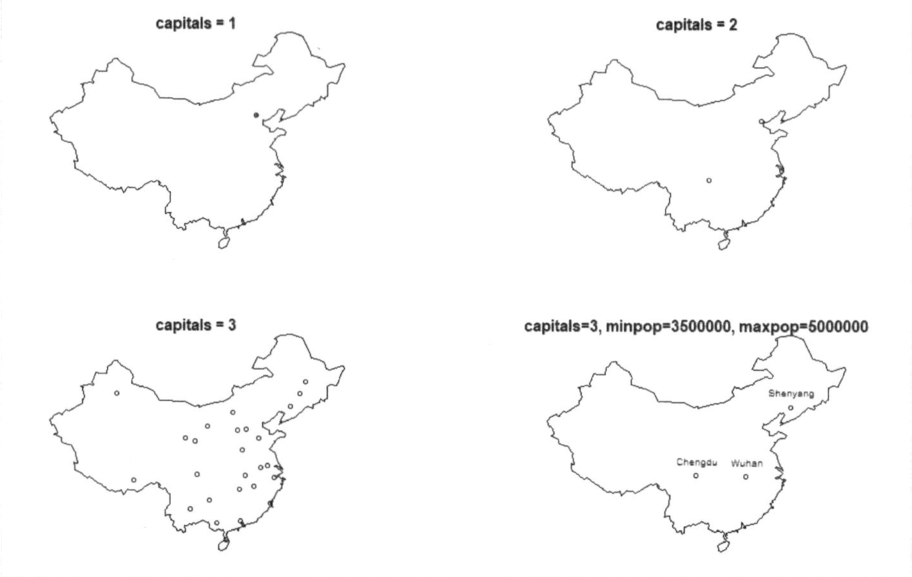

4) 좌표와 축척 시각화 map()

(1) 개요

map.axes()는 지도에 좌표축을 그리는 함수로 파라미터값을 갖고 있지 않다. map.scale() 함수는 지도에서 크기와 실제 지형의 크기 비율을 설명하는 축척을 표현한다.

```
map.axes()
map.scale(x, y, relwidth = 0.15, metric = TRUE, ratio = TRUE, ...)
```

(2) R-code

중국 지도를 그리고 축척 비율과 좌표축, 눈금을 나타낸다. 축척을 표시하는 map.scale() 함수와 지도 위에 좌표축을 표현하는 map.axes() 함수를 이용한다.

```
map("world", "China")
map.scale()
map.axes()
```

(3) 시각화 결과

좌표와 축척 시각화 결과

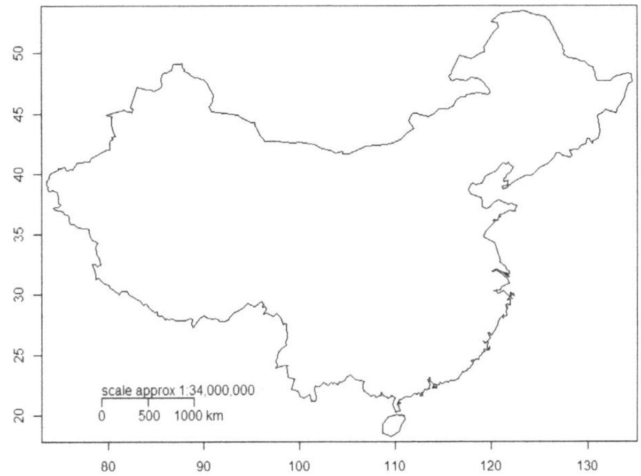

8.3
mapdata 공간맵

1) 개요

mapdata 패키지는 맵 데이터베이스를 확장한 것으로, 해상도가 maps 패키지보다 더 높다. 우리나라의 지리 정보는 maps 패키지의 'world' 데이터베이스와 mapdata 패키지의 'worldHires' 맵 데이터베이스에 포함되어 있다.

2) R-code

```
install.packages("mapdata")
library(mapdata)
par(mfrow = c(1, 2))
map(database = 'world', region = c('South Korea', 'North Korea'))
title("Korea map in maps packages")
map(database = 'worldHires', region = c('South Korea', 'North Korea'))
title("Korea map in mapdata packages")
par(mfrow = c(1, 1))
```

3) 시각화 결과

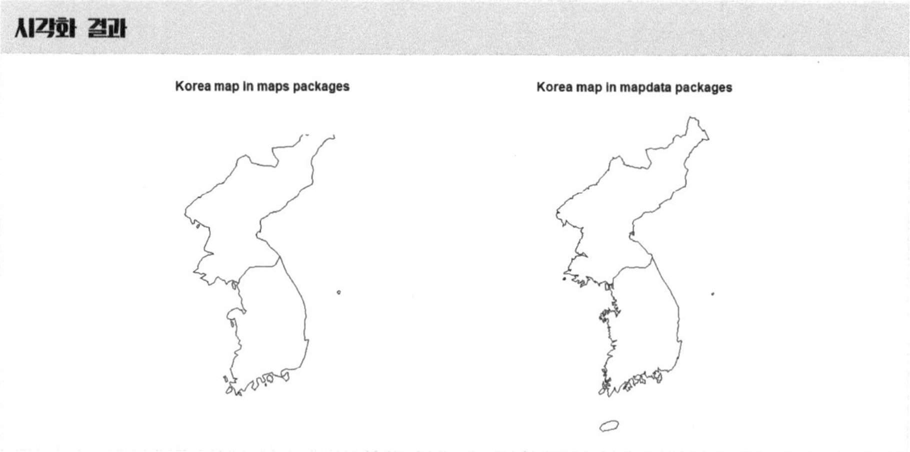

8.4

mapproj 공간맵

1) 개요

mapproj(Map Projection) 패키지는 경도, 위도를 투영법에 의거 좌표 변환을 적용시켜 시각화하는 기능을 제공한다. 위도와 경도를 투영 좌표로 변환하는 mapproject() 함수와 투영된 지도 위에 나타내는 map.grid() 함수가 있다.

```
mapproject(x, y, projection = "", parameters = NULL, orientation = NULL)

map.grid(lim, nx=9, ny=9, labels = TRUE, pretty = TRUE, cex, col, lty, font,
...)
```

2) R-code

```
install.packages("mapproj")
library(mapproj)
install.packages("ggmap")
library(ggmap)

geocode("독도")
m <- map("worldHires", plot = FALSE)
map('worldHires', proj = 'azequalarea', orient = c(37.24223, 131.8643, 0))
map.grid(m, col = 2)
points(mapproject(list(y = 37.24223, x = 131.8643)), col = "blue", pch = "x",
cex = 2)
title("지구본에서의 독도")
```

3) 시각화 결과

시각화 결과

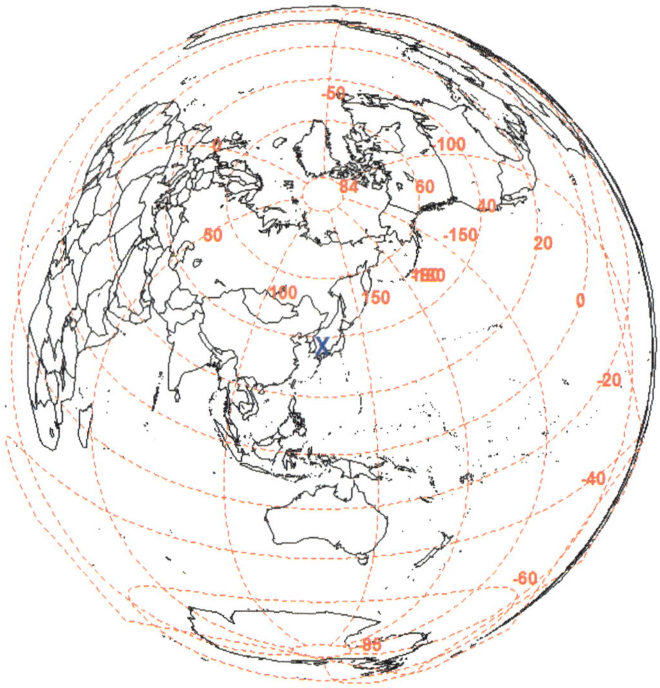

8.5
maptools 공간맵

1) maptools 공간맵 개요

maptools 패키지는 GIS 관련 소프트웨어의 지리정보 파일과 연동을 위한 도구의 모음이다. 특히 지리정보시스템 전문 업체인 에스리(ESRI)사 제품의 Shape 파일에서 지리 데이터를 조작하고 읽기 위한 도구가 이용된다. maptools 패키지를 사용하여 인구 센서스 정보와 센서스용 행정구역경계 Shape 파일로 인구분포도를 시각화한다. Shape 파일은 센서스 수행년도와 동일한 년도의 파일이어야 한다.

2) 데이터 처리

(1) 개요

maptools 패키지는 SHP 파일을 읽는 데 사용하고, foreign 패키지는 DBF 파일을 읽는 데 사용한다. rgdal 패키지는 좌표계를 변환하기 위해 이용한다.

GDAL(Geospatial Data Abstraction Library)은 래스터 지리공간 데이터 포맷(raster geospatial data formats)을 읽거나 작성하는 목적으로 만들어진 라이브러리이다. 라이브러리는 오픈소스 지리정보 재단(OSGF, Open Source Geospatial Foundation)에서 X/MIT 스타일의 무료 소프트웨어 라이선스로 배포되고 있다. rgdal 패키지는 R에서 GDAL 라이브러리의 기능을 사용하도록 하는 패키지이다. 지도를 그리거나 공간데이터를 활용하는 데 이용한다.

maptools 패키지를 사용하여 2018년도 행정안전부 공개용 데이터인 인구 센서스 정보와 센서스용 행정구역경계 Shape 파일로 인구분포도를 시각화한다.

(2) R-code. 1

```
getwd()
setwd("C:/Rdatb")
getwd()

# 패키지 설치
install.packages("maptools")
library(maptools)
install.packages("foreign")
library(foreign)
install.packages("rgdal")
library(rgdal)
```

```
# 행정구역 경계 파일
level1.shp.file <- "2018_1_0/temp"
level2.shp.file <- "2018_2_0/temp"
level3.shp.file <- "2018_3_0/temp"
```

```
# 행정구역 통계 데이터
level1.dbf.file <- "2018_1_0/temp.dbf"
level2.dbf.file <- "2018_2_0/temp.dbf"
level3.dbf.file <- "2018_3_0/temp.dbf"

# 2018년도 인구 센서스 데이터 파일 불러오기
census.data <- read.csv("101_DT_1IN1502_Y_2018.csv", header=T, skip=2)
# 변수명 정리하기
names(census.data)
names(census.data) <- gsub("[[:punct:]]+", "_", gsub("[[:punct:]]$", "",
names(census.data)))
names(census.data)
# 데이터에서 ' 떼어내기
head(census.data$C행정구역별_읍면동)
census.data$C행정구역별_읍면동 <- sub("^\\'", "", census.data$C행정구역별_읍면동)
head(census.data$C행정구역별_읍면동)
```

(3) 데이터 처리 결과. 1

분석 결과

```
> # 변수명 정리하기
> names(census.data)
 [1] "C행정구역별.읍면동."          "행정구역별.읍면동."
 [3] "시점"                         "총인구..명."
 [5] "남자..명."                    "여자..명."
 [7] "내국인.계..명."               "내국인.남자..명."
 [9] "내국인.여자..명."             "외국인.계..명."

> names(census.data) <- gsub("[[:punct:]]+", "_", gsub("[[:punct:]]$", "",
names(census.data)))
> names(census.data)
 [1] "C행정구역별_읍면동"           "행정구역별_읍면동"
 [3] "시점"                         "총인구_명"
 [5] "남자_명"                      "여자_명"
 [7] "내국인_계_명"                 "내국인_남자_명"
```

```
 [9] "내국인_여자_명"                    "외국인_계_명"

> # 데이터에서 ' 떼어내기
> head(census.data$C행정구역별_읍면동)
[1] '00    '04    '05    '03    '11    '11010
324 Levels: '00 '03 '04 '05 '11 '11010 '11020 '11030 '11040 '11050 ... '39020
> census.data$C행정구역별_읍면동 <- sub("^\\'", "", census.data$C행정구역별_읍면동)

> head(census.data$C행정구역별_읍면동)
[1] "00"    "04"    "05"    "03"    "11"    "11010"
```

(4) R-code. 2

행정구역경계 Shape 파일은 maptools 패키지의 readShapePoly() 함수를 이용한다. readShapePoly() 함수 원형은 다음과 같다.

```
readShapePoly(fn, IDvar = NULL, proj4string = CRS(as.character(NA)), verbose =
FALSE, repair = FALSE, force_ring = FALSE, delete_null_obj = FALSE,
retrieve_ABS_null = FALSE)

# TM 중부 좌표계 : 통계청 지도
crsTMcenter <- CRS("+proj=tmerc +lat_0=38 +lon_0=127 +k=1 +x_0=200000
+y_0=500000 +ellps=bessel +units=m +no_defs")
# WGS84 경위도 좌표계 : 구글 지도
crsWGS84lonlat <- CRS("+proj=longlat +zone=52 +ellps=WGS84 +datum=WGS84
+units=m +no_defs +lat_0=38N +lon_0=127E")

# 시도 지도 데이터
level1.shp <- readShapePoly(level1.shp.file, verbose=T, proj4string=crs
Mcenter)
# 시군구 지도 데이터
level2.shp <- readShapePoly(level2.shp.file, verbose=T, proj4string=crs
Mcenter)
# 읍면동 지도 데이터
level3.shp <- readShapePoly(level3.shp.file, verbose=T,
proj4string=crsTMcenter)

level1_dbf <- read.dbf(level1.dbf.file)
level2_dbf <- read.dbf(level2.dbf.file)
level3_dbf <- read.dbf(level3.dbf.file)
```

```
# 점문자를 "_"으로 변경하는 정규표현식
install.packages("sqldf")
library(sqldf)

data1 <- subset(census.data, nchar(C행정구역별_읍면동)==2 & C행정구역별_읍면동>10)
```

```
data2 <- subset(census.data, nchar(C행정구역별_읍면동)==5)
data3 <- subset(census.data, nchar(C행정구역별_읍면동)==7)

level1_dbf <- sqldf("select level1_dbf.*, data1.* from level1_dbf, data1
            where level1_dbf.code = data1.C행정구역별_읍면동")
level2_dbf <- sqldf("select level2_dbf.*, data2.* from level2_dbf, data2
             where level2_dbf.code = data2.C행정구역별_읍면동")
level3_dbf <- sqldf("select level3_dbf.*, data3.* from level3_dbf, data3
              where level3_dbf.code = data3.C행정구역별_읍면동")
```

3) 전국 시도 인구분포도(2018년도 기준)

(1) R-code

```
## 전국시도 인구분포도
nlevel <- 5
col.level <- cut(level1_dbf$총인구_명, pretty(level1_dbf$총인구_명, n=nlevel),
dig.lab=8)
legends <- levels(col.level)
levels(col.level) <- heat.colors(length(legends))

# 인구분포도 그리기 및 수행시간 계산
runtime1 <- system.time(plot(level1.shp, axes=FALSE, bty="n",
col=as.character(col.level), lwd=0.3, border="#000055"))

# 수행시간 보기
runtime1
title("전국 시도 인구분포도")
legend("bottomright", legends, fill=levels(col.level), cex=0.8, title="인구(단
위:명)")
box()
```

(2) 시각화 결과

전국 시도별 인구분포도에서 빨간색에 가까울수록 상대적으로 인구수가 적은 것을 의미한다. 즉, 강원도, 충북, 전북, 광주·전남, 제주도, 울산시 등은 인구가 적다고 본다. 노란색으로 나타난 서울시와 경기도는 상대적으로 인구수가 많다는 것을 의미한다.

시각화 결과

```
> # 수행시간 보기
> runtime1
 사용자  시스템 elapsed
   1.96    6.90    8.90
```

전국 시도 인구분포도

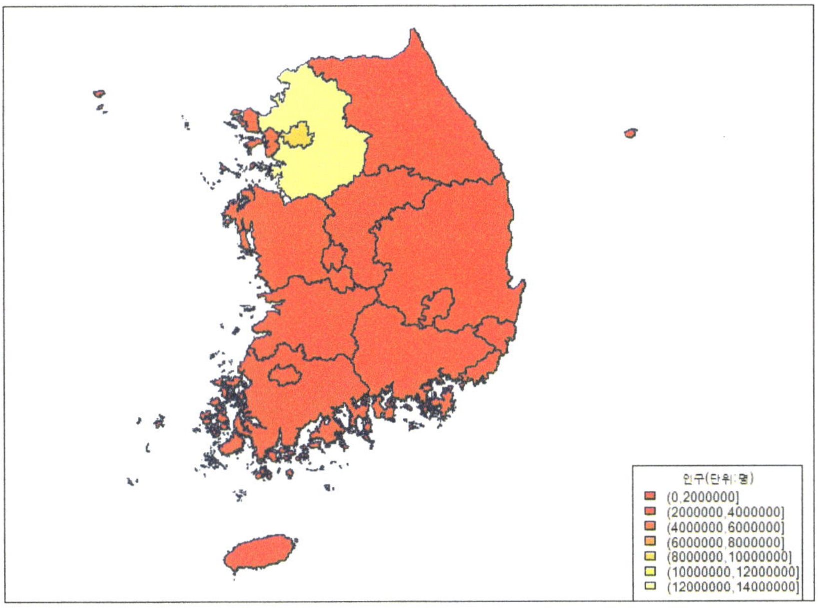

4) 광역자치단체 인구분포도

(1) 개요

서울시의 구별 인구분포도를 시각화한다. 서울시 지역은 지역코드인 B 행정구역별_구 변수의 값이 11로 시작한다.

(2) R-code(구별 서울시 인구)

```
## 서울시 인구분포도
seoul_dbf <- level2_dbf[grep("^11", level2_dbf$code),]
seoul_shape <- level2.shp[level2.shp$code %in% seoul_dbf$code,]
```

```
nlevel <- 5
col.level  <-  cut(seoul_dbf$총인구_명,  pretty(seoul_dbf$총인구_명,  n=nlevel),
dig.lab=6)
legends <- levels(col.level)
levels(col.level) <- heat.colors(length(legends))
plot(seoul_shape, axes=FALSE, bty="n", col=as.character(col.level), lwd=0.5,
border="#000055")
title("구별 서울 인구분포도")
legend("topleft", legends, fill=levels(col.level), cex=0.8, title="인구(단위:
명)")
box()
```

(3) 시각화 결과

종로구와 중구가 적색으로 인구가 가장 적으며, 용산구와 금천구가 상대적으로 인구분포도가 낮다. 송파구가 인구분포도가 가장 높게 나타났다.

시각화 결과

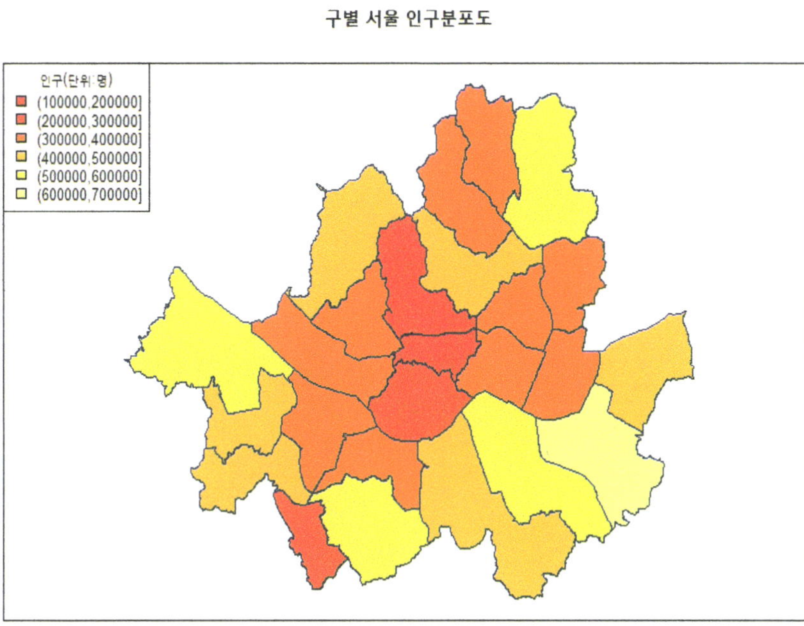

(4) R-code(구별 광주시 인구)

```
##광주시 인구분포도
# 광주시는 지역코드인 B행정구역별_구 변수의 값은 24이다.
seoul_dbf <- level2_dbf[grep("^24", level2_dbf$code),]
seoul_shape <- level2.shp[level2.shp$code %in% seoul_dbf$code,]

nlevel <- 5
col.level  <-  cut(seoul_dbf$총인구_명,  pretty(seoul_dbf$총인구_명,  n=nlevel),
dig.lab=6)
legends <- levels(col.level)
levels(col.level) <- heat.colors(length(legends))

plot(seoul_shape, axes=FALSE, bty="n", col=as.character(col.level), lwd=0.5,
border="#000055")
 title("구별 광주 인구분포도")
legend("topleft", legends, fill=levels(col.level), cex=1.0, title="인구(단위:
명)")
box()
```

(5) 시각화 결과

광주시의 구별 인구구분포도는 광산구와 북구가 가장 높으며, 서구, 남구 순이고, 동구의 인구분포도가 가장 낮은 것으로 나타났다.

시각화 결과

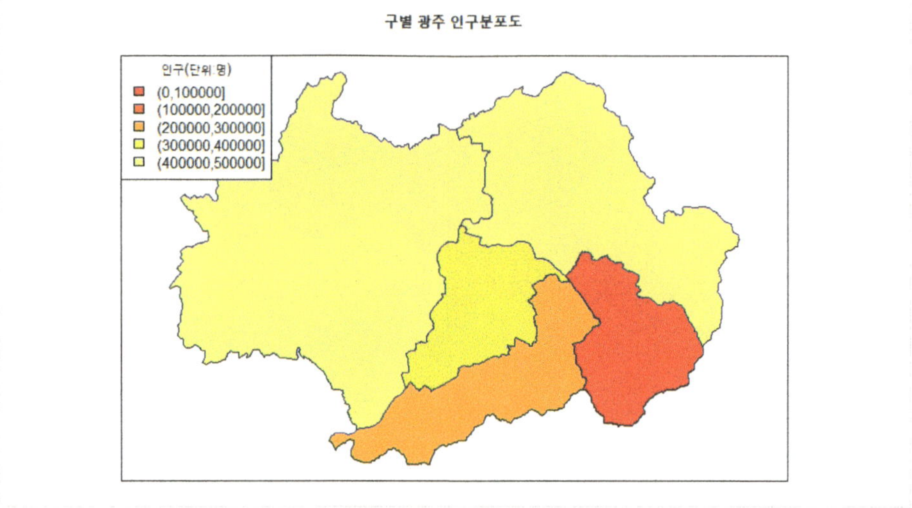

8.6 mapplots 공간맵

1) mapplots 개요

mapplots 패키지는 지도 위에 파이 차트나 버블 차트와 같은 간단한 시각화 플롯을 표현할 때 사용한다. 이 패키지의 대표 함수로는 지리정보를 표현하기 위해 전환한 종횡비를 갖는 빈 맵을 만드는 basemap() 함수와 기존 플롯 좌표 위에

Shape 파일의 정보를 그리는 draw.shape() 함수가 있다. 또한 지도 위에 버블 차트를 그리는 draw.bubble() 함수와 파이 차트를 그리는 draw.pie() 함수를 이용한다.

```
basemap() 함수 # 빈 맵을 만들어 주는 함수
basemap(xlim, ylim, xlab = "Longitude", ylab = "Latitude", bg = "lightblue",
...)

draw.shape() 함수 # Shape 파일의 정보를 추가로 shapefiles 패키지의 read.shapefile()
함수로 만든 Shape 파일의 정보만 해당
draw.shape(shape, type = "poly", col = 1, ...)
```

2) 버블(bubble) 차트

(1) 개요

플롯 위에 버블 차트를 그리는 함수이다. 함수 원형은 다음과 같다.

```
draw.bubble(x, y, z, maxradius = 1, ...)
```

(2) R-code

draw.shape() 함수를 이용하기 위해서 shapefiles 패키지의 read.shapefile() 함수로 Shape 파일의 정보를 가져와서 sido에 저장한다.

xlim과 ylim은 지리 데이터의 경도와 위도에서 최솟값과 최댓값을 구한 것이고, Lon과 Lat는 시도의 다각형 영역에 대한 경도와 위도에서의 평균값을 구한 것이다. 평균값의 위치에 버블을 시각화한다.

```
install.packages("shapefiles")
library(shapefiles)
sido <- read.shapefile("c:/Rdata/2010_1_0/temp")

xlim <- level1.shp@bbox[1, ]
ylim <- level1.shp@bbox[2, ]
Lon <- sapply(level1.shp@polygons, function(x) x@labpt)[1, ]
```

```
Lat <- sapply(level1.shp@polygons, function(x) x@labpt)[2, ]

plot(level1.shp, bg="lightblue", col="cornsilk")
draw.bubble(Lon,   Lat,   level1_dbf$총인구_명,   maxradius=50000,   pch=21,
bg='#00FF0070')

legend.z <- round(max(level1_dbf$총인구_명)/1000,0)
legend.bubble("topright",    z=legend.z,    maxradius=50000,    inset=0.02,
bg="lightblue", txt.cex=0.8, pch=21, pt.bg="#00FF0050")
```

(3) 시각화 결과

시각화 결과

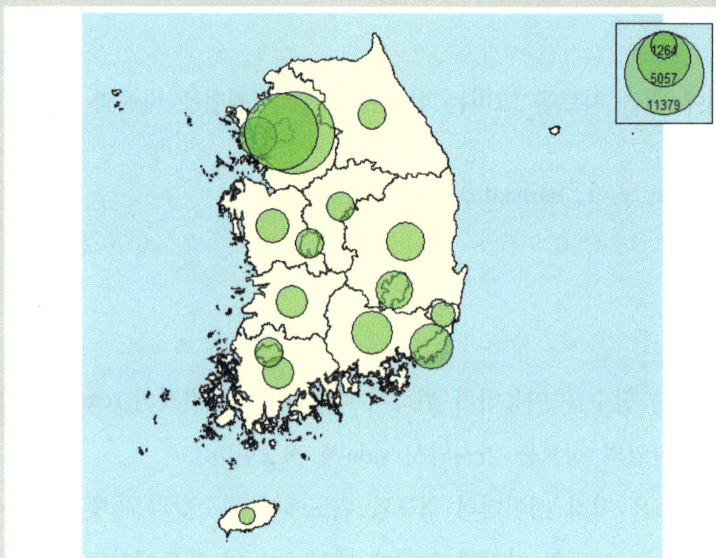

3) 파이(pie) 차트

(1) 개요

지도위가 아닌 일반 플롯 위에서 시각화를 한다. 함수 원형은 다음과 같다.

```
draw.pie(x, y, z, radius, scale = T, labels = NA, silent = TRUE,...)
```

(2) R-code

지도 위에 2018년 기준 전국 시도 주거현황을 단독주택, 아파트, 연립주택, 다세대주택 정도를 파이 차트로 시각화한다. 전국 시도 주거 현황에 대한 파이 차트는 draw.pie() 함수와 legend.bubble() 함수를 이용한다.

```
install.packages("reshape2")
library(reshape2)

household <- cbind(Lon, Lat,level1_dbf[, c("code", "단독주택_호", "아파트_호", "연
립주택_호", "다세대주택_호")])
names(household) <- do.call("c", sapply(names(household), strsplit, split="_호"))
household <- melt(household, id=c("Lon", "Lat", "code"), na.rm=TRUE)

xyz    <-    make.xyz(household$Lon,    household$Lat,    household$value,
household$variable)
cols <- rainbow(4, alpha=0.8)

basemap(xlim, ylim, xlab="", ylab="", main="전국 시도 주거현황(단위:가구)", axes=F)
draw.shape(sido, col="cornsilk")
draw.pie(xyz$x, xyz$y, xyz$z, radius=30000, col=cols)

labs <- c("단독주택", "아파트", "연립주택", "다세대주택")
legend.pie(550000,  100000,  labels=labs,  radius=30000,  bty="n",  col=cols,
cex=0.8, label.dist=1.3)
legend.z <- round(max(rowSums(xyz$z, na.rm=TRUE))/10^3, 0)
legend.bubble(550000, 200000, z=legend.z, round=1, maxradius=30000, bty="n",
txt.cex=0.6)
text(550000, 250000, "가구 수(천 가구)", cex=0.8)
```

(3) 시각화 결과

시각화 결과

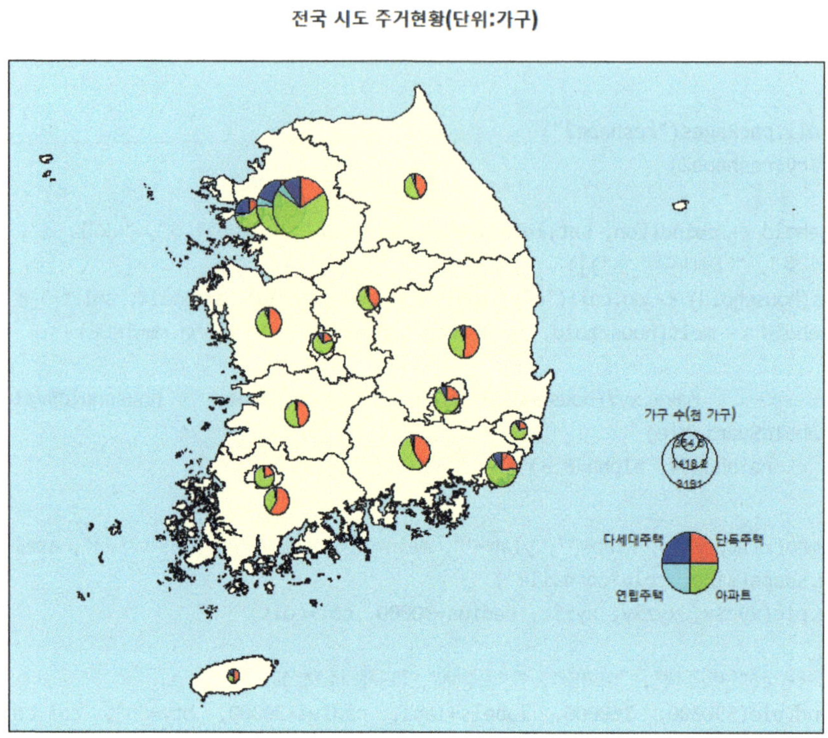

제9장

공공데이터를 활용한 정보분석

9.1
공공빅데이터 개요

1) 공공빅데이터 개념

4차 산업혁명은 제조업 등 다양한 산업들이 정보통신기술(Information and Com- munication Technology, ICT) 및 기술혁신 등과 융합되어 산업 경쟁력 제고 및 새로운 형태의 제품과 서비스, 비즈니스를 만들어내는 차세대 산업혁명이다. 4차 산업혁명에서는 모든 사물이 정보통신기술과 융합되고 정보는 빅데이터로 분석된다. 스마트공장(Smart Factory)은 기계가 노동력을 대체하는 공장자동화와는 다르게 공장 내 설비가 스스로 다양한 정보를 바탕으로 생산과정과 관련된 의사결정을 내리는 자율관리공장(Self Control Factory)이다. 스마트공장은 다양한 센서와 장비가 수집하는 정보를 사물인터넷(IoT; Internet of Things)과 빅데이터를 바탕으로 생산시설에 적용하여 생산효율을 극대화할 수 있다. 빅데이터는 거의 모든 산업과 경영의 기능을 변화시키고 있다. 다시 말해 변화된 기술과 환경을 새로운 혁신의 기회로 삼아야 한다.

세계적인 컨설팅 기관인 맥킨지와 IDC(internet data center)에서는 초점에 따라서 빅데이터를 두 가지로 정의하였다. 맥킨지는 2011년 6월에 데이터의 규모에 초점을 맞추어 "기존 데이터베이스 관리도구의 데이터 수집, 저장, 관리, 분석하는 역량을 넘어서는 데이터"로 정의하였다. IDC는 2010년 4월에 업무 수행 방식에 초점을 맞춰 "다양한 종류의 대규모 데이터로부터 저렴한 비용으로 가치를 추출하고, 데이터의 빠른 수집, 발굴, 분석을 지원하도록 고안된 차세대 기술 및 아키텍처"로 정의하였다.

Gartner(2011)에서는 규모(Volume), 다양성(Variety), 복잡성(Complexity), 속도(Velocity)의 증가로 빅데이터가 기존 데이터와 차이가 있다고 제시하였다. 빅데이터는 정형적 또는 비정형적인 데이터를 구성하고 있다. 빅데이터와 다른 차원의 공공분야의 데이터로는 행정자료가 있다. 행정자료는 일반적인 빅데이터와는 일부 차이가 있다. 행정자료는 주로 법령의 규정에 따라 정형적인 행정행위를 바탕으로 생성되는 정형적이거나 비정형적인 데이터이다. 일반 빅데이터와 행정자료의 차이점은 몇 가지 다른 특성을 갖는다. 빅데이터는 특정 비즈니스 목적이나, 행정자료는 행정관리가 목적이다. 빅데이터는 비즈니스 목표에 부합이나, 행정자료는 행정관리 지원이다. 빅데이터는 데이터마이닝 기계학습의 최적화이나, 행정자료는 빈도분석, 기술통계분석, 추론통계 등이다. 빅데이터는 수집비용이 낮은 편이나, 행정자료는 빅데이터에 비해 높은 편이다. 빅데이터는 수집간격이 실시간이나, 행정자료는 거의 실시간이다.

공공빅데이터란 행정분야의 정형적 또는 비정형적인 데이터를 활용하여 행정관리 효율화를 목적으로 한다.

2) 공공빅데이터 예제 변수 설명

변수명	변수 설명	측정수준
1. 성별	남성, 여성	범주형
2. 연령대	65 ~ 69세 등 5세 간격의 6개 집단	범주형
3. 흡연량	5갑 미만, 5갑 이상, 비흡연	범주형
4. 건강관련 내용	계단오르기, 통증, 활력, 우울, 행복	4점척도, 연속형
5. 주관적 삶의질	일주일 간의 삶의 만족도	10점척도, 연속형
6. 지역 기여감	지역서비스에 대한 만족도	5점척도, 연속형
7. 사회적 안정감	사회적 접촉의 충분성	5점척도, 연속형
8. 피곤정도	한 달 동안 피곤 정도	5점척도, 연속형
9. 주관적 건강수준	평소 건강상태	5점척도, 연속형
10. 입원의지	병원에 입원하고 싶은 생각	5점척도, 연속형
11. 입소의지	노인요양시설 등에 입소하고 싶은 생각	5점척도, 연속형
12. 재가의지	집에서 생활하고 싶은 생각	5점척도, 연속형
13. 식사빈도	2일동안 식사빈도수	범주형

9.2
인구통계학적 특성 분석

1) R-code

```
getwd()
setwd("C:/Rdatb")
getwd()
freq <- read.csv("공공데이터.csv")
str(freq)
summary(freq)
head(freq, 3)
tail(freq, 3)

install.packages("Hmisc")
library(Hmisc)
install.packages("ggplot2")
library(ggplot2)

freq$성별1 <- factor(freq$성별, levels=c(1,2), labels=c("남","여"))
describe(freq$성별1)
barplot(table(freq$성별1), xlab="성별", ylab="빈도수", main="성별에 따른 빈도 수",
ylim=c(0,300))

freq$연령대1  <-  factor(freq$연령대,  levels=c(1,2,3,4,5,6),  labels=c("65-69세
","70-74세","75-79세","80-84세","85-89세","90세이상"))
describe(freq$연령대1)
barplot(table(freq$연령대1), xlab="연령대", ylab="빈도수", main="연령대에 따른 빈도
수", ylim=c(0,200))
```

```
freq$흡연량1 <- factor(freq$흡연량,levels=c(1,2,3), labels=c("5갑미만","5갑이상","
흡연경험없음"))
describe(freq$흡연량1)
barplot(table(freq$흡연량1), xlab="흡연량", ylab="빈도수", main="흡연량에 따른 빈도
수", ylim=c(0,400))
```

2) 노인 성별분포

노인의 성별에 대한 분포를 나타낸 분석 결과이다. 노인들의 성별분포를 보면, 남성이 223명(44.2%), 여성이 282명(55.8%)으로 여성이 남성에 비해 11.6% 높은 분포를 보였다.

freq$성별1

n	missing	distinct
505	0	2

Value	남	여
Frequency	223	282
Proportion	0.442	0.558

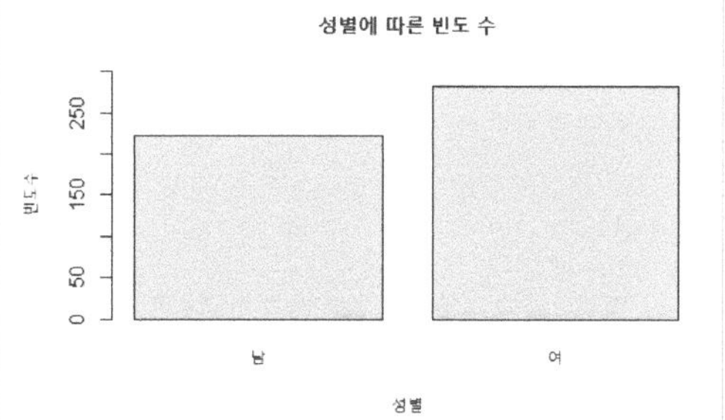

3) 노인 연령분포

노인의 연령에 대한 분포를 나타낸 결과이다. 노인들의 연령대를 살펴본 결과, 70~74세가 131명(25.9%), 75~79세 108명(21.4%), 80~84세 102명(20.2%)으로 70세에서 84세가 상위 분포를 보였고, 다음으로 65~69세 91명(18.0%), 85세 이상이 73명(14.4%) 순으로 나타났다. 전체 노인 중 90세 이상은 28명으로 전체 노인의 5.5% 분포를 보였고, 전체 노인 중 최고령은 101세로 나타났다.

freq$연령대1

n	missing	distinct
505	0	6

Value	65-69세	70-74세	75-79세	80-84세	85-89세	90세 이상
Frequency	91	131	108	102	45	28
Proportion	0.180	0.259	0.214	0.202	0.089	0.055

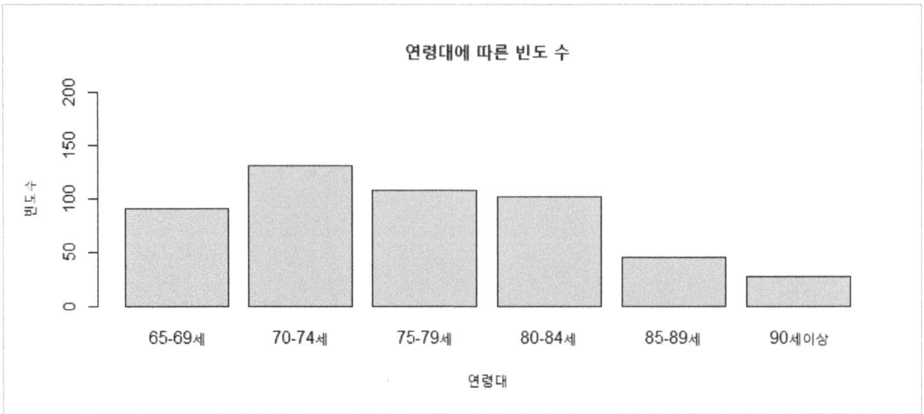

4) 노인 흡연량 분포

노인의 흡연량에 대한 분포를 나타낸 분석 결과이다. 노인들의 흡연량 분포를 보면, 5갑 미만이 22명(4.5%), 5갑 이상이 77명(15.7%)이며, 흡연 경험이 없음이 393명(79.9%)이었다. 흡연 경험 없는 노인은 약 80%, 흡연 경험이 있는 노인은 약 20%로 나타났다.

freq$흡연량1

n	missing	distinct
492	13	3

Value	5갑 미만	5갑 이상	흡연 경험 없음
Frequency	22	77	393
Proportion	0.045	0.157	0.799

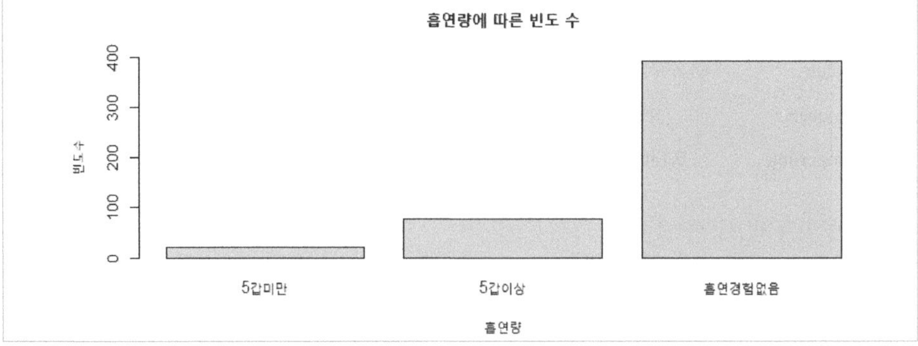

9.3
건강상태 빈도분석

1) R-code

```
# 데이터 불러오기
setwd("C:/Rdatb")
getwd()
freq <- read.csv("공공데이터.csv")
str(freq)
summary(freq)
head(freq)
tail(freq)

install.packages("Hmisc")
library(Hmisc)
install.packages("ggplot2")
library(ggplot2)

# 데이터 분석
freq$계단오르기1 <- factor(freq$계단오르기,levels=c(1,2,3,4), labels=c("문제없음","
약간있음","많이있음","오를수없음"))
describe(freq$계단오르기1)
barplot(table(freq$계단오르기1), xlab="수준", ylab="빈도수",  main="계단오르기에 따른
빈도 수", ylim=c(0,300),col = "#00AFBB")

freq$통증1 <- factor(freq$통증,levels=c(1,2,3,4), labels=c("전혀없음","약간있음","
심한통증","극심한통증"))
describe(freq$통증1)
barplot(table(freq$통증1), xlab="정도", ylab="빈도수",  main="통증에 따른 빈도 수",
ylim=c(0,300),col = "#00AFBB")


freq$활력1 <- factor(freq$활력,levels=c(1,2,3,4), labels=c("항상있음","자주있음","가
끔있음","전혀없음"))
describe(freq$활력1)
barplot(table(freq$활력1), xlab="정도", ylab="빈도수",  main="활력에 따른 빈도 수",
ylim=c(0,400),col = "#00AFBB")
```

```
freq$우울1 <- factor(freq$우울, levels=c(1,2,3,4), labels=c("전혀없음","가끔있음
","자주있음","항상우울"))
describe(freq$우울1)
barplot(table(freq$우울1), xlab="정도", ylab="빈도수",  main="우울에 따른 빈도 수",
ylim=c(0,300),col = "#00AFBB")

freq$행복1 <- factor(freq$행복, levels=c(1,2,3,4), labels=c("항상행복","자주행복
","가끔행복","불행함"))
describe(freq$행복1)
barplot(table(freq$행복1), xlab="정도", ylab="빈도수",  main="주관적행복에 따른 빈도
수", ylim=c(0,400),col = "#00AFBB")
```

2) 계단오르기 어려움

노인의 계단오르기 어려움 정도에 대한 분석 결과이다. 노인 중 절반에 해당되는 254명(50.3%)이 계단오르기가 불가능하다고 응답하였으며, 계단오르는 데 지장이 없는 노인 9명(1.8%)을 제외한 대부분의 노인(98.2%)은 계단오르기 기능에 한계를 보였다.

freq$계단오르기1

n	missing	distinct		
505	0	4		

Value	문제없음	약간있음	많이있음	오를 수 없음
Frequency	9	64	178	254
Proportion	0.018	0.127	0.352	0.503

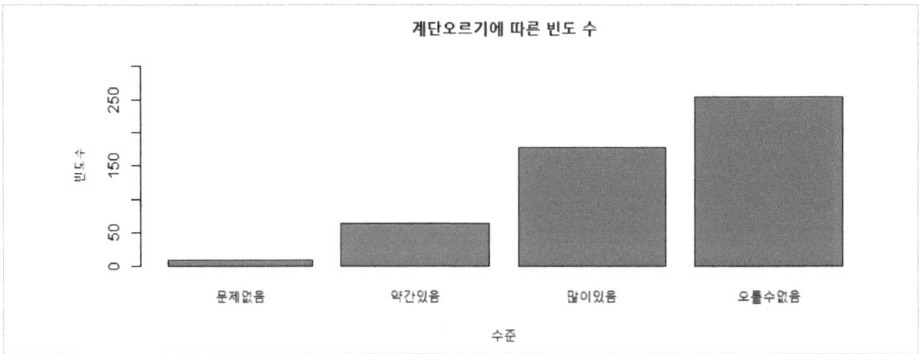

3) 통증 정도

지난 일주일간 노인이 느끼는 통증 정도에 대한 분석 결과이다. 노인의 83.8%가 지난 일주일간 심한 통증을 겪었으며 이 중 매우 극심한 통증에 노출된 노인도 31.7%로 나타나 통증관리서비스의 연계가 필요하다. 한편 통증이 전혀 없거나(1.4%), 약간 있다(14.9%)고 응답한 노인은 전체의 16.3%에 지나지 않았다.

freq$통증1

n	missing	distinct
505	0	4

Value	전혀 없음	약간 있음	심한 통증	극심한 통증
Frequency	7	75	263	160
Proportion	0.014	0.149	0.521	0.317

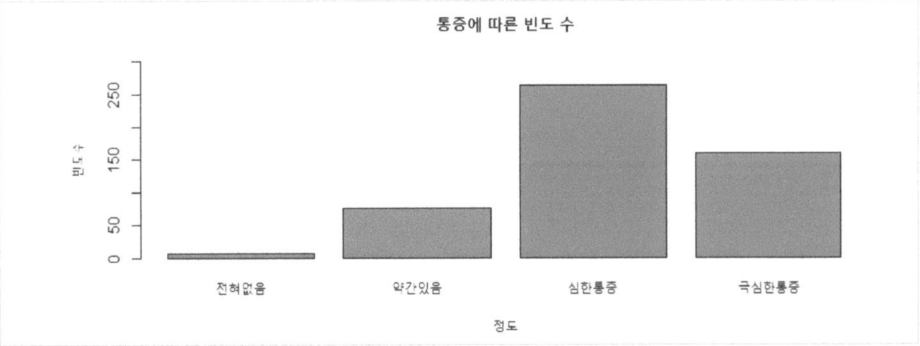

4) 활력 정도

지난 일주일간 노인이 느끼는 활력 정도에 대한 분석 결과이다. 일주일간 기운이 전혀 없었다고 응답한 노인은 371명으로 전체의 73.5%인 반면, 항상 기운이 있었다는 노인은 6명(1.2%)에 지나지 않아 선정된 노인의 대부분이 활력이 없는 것으로 나타났다.

freq$활력1				
n	missing	distinct		
505	0	4		
Value	항상있음	자주있음	가끔있음	전혀없음
Frequency	6	21	107	371
Proportion	0.012	0.042	0.212	0.735

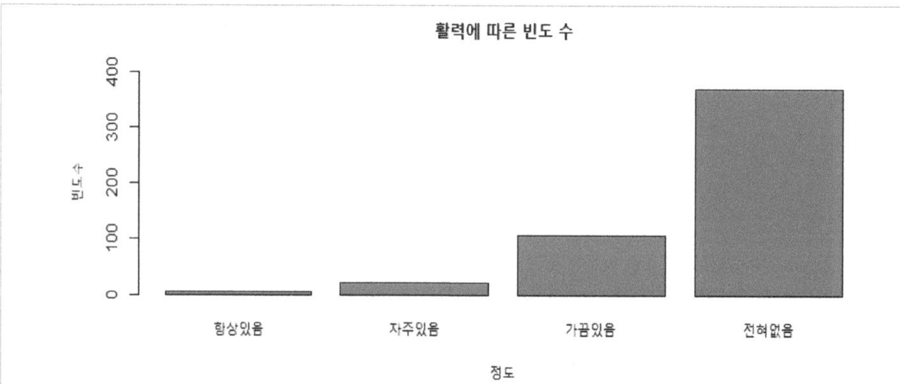

5) 우울 정도

노인의 우울 정도에 대한 분석 결과이다. 노인 중 49.7%가 항상 우울하다고 응답했다. 상시 우울증에 노출된 노인이 절반 이상으로 매우 높은 우울 비율을 보였다. 반면 우울하지 않다고 응답한 노인은 전체의 10.7%로 나타나 지난 일주일간 우울증 잠재노인이 전체의 90%에 가까운 것으로 드러났다.

freq$우울1				
n	missing	distinct		
505	0	4		
Value	전혀없음	가끔있음	자주있음	항상우울
Frequency	54	97	103	251
Proportion	0.107	0.192	0.204	0.497

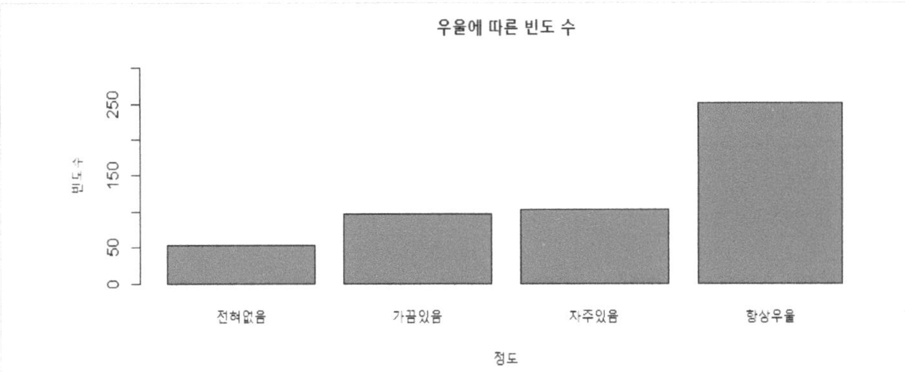

6) 주관적 행복

지난 일주일간 노인의 주관적 행복감 정도에 대한 분석 결과이다. 전체 노인 중 322명(63.8%)이 불행하다고 응답하였으며, 가끔 행복하다고 응답한 노인은 136명(26.9%)으로 나타났다. 반면 항상 행복하거나 자주 행복함을 느꼈다고 응답한 노인은 9.3%에 지나지 않았다.

freq$행복1

n	missing	distinct
505	0	4

Value	항상행복	자주행복	가끔행복	불행함
Frequency	10	37	136	322
Proportion	0.020	0.073	0.269	0.638

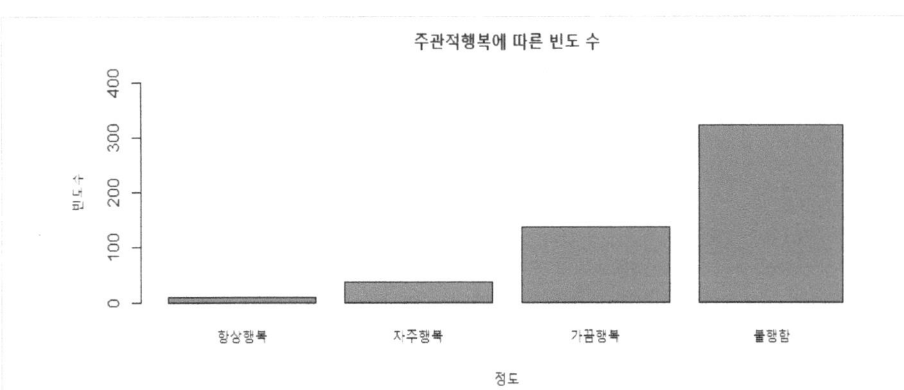

9.4 주관적 삶의 질

1) 주관적 삶의 질 분석 개요

주관적 삶의 질의 측정척도는 10점 척도로 점수가 높을수록 주관적 삶의 질이 높아 삶의 만족도가 크다고 할 수 있다. 분석은 성별과 연령대, 건강 어려움 정도, 사회적 안정감, 사회관계, 피곤정도, 질병 수, 주관적 건강수준, 입원의지, 재가의지, 식사 빈도에 따라 주관적 삶의 질의 상관관계를 분석하였다.

노인들의 주관적 삶의 질 평균은 3.129로 10점 만점에 1/3을 못 미치는 수준으로 전반적으로 매우 낮게 나타났다.

2) 일반적 특성에 따른 주관적 삶의 질

(1) R-code

```
#1 성별과 주관적 삶의 질
<독립 표본 T-test >
getwd()
setwd("C:/Rdatb")
getwd()
two_t <- read.csv("주관적삶의질.csv")
str(two_t)
head(two_t)
tail(two_t)

# 정규성 검정
out1 <- lm(two_t$주관적삶의질~ two_t$성별)
shapiro.test(resid(out1))

# 등분산성 검정
var.test(two_t$주관적삶의질~ two_t$성별)
```

```
# 분석
t.test(two_t$주관적삶의질 ~ two_t$성별, var.equal=F)

# 시각화
install.packages("gplots")
library(gplots)

two_t$성별1 <- factor(two_t$성별, levels=c(1,2), labels=c("남","여"))
plotmeans(two_t$주관적삶의질 ~ two_t$성별1, data=two_t, xlab="성별", ylab="주관적삶
의질", ci.label=TRUE, mean.label=TRUE, ylim=c(1,5), barwidth=3, digits=2, col =
c("#00AFBB", "#E7B800"), main="성별에 따른 주관적 삶의 질 비교")

# boxplot
boxplot(two_t$주관적삶의질~ two_t$성별1, boxwex = 0.2, main="성별에 따른 주관적삶의질",


col = c("#00AFBB", "#E7B800"), ylab="주관적삶의질")

#2 연령대별 주관적 삶의 질
getwd()
setwd("C:/Rdatb")

one_ano<- read.csv("주관적삶의질.csv")
str(one_ano)
x <- one_ano
summary(x)

## 숫자-문자로 변환
# 1. 연령
x$연령대1 <- factor(x$연령대, levels=c(1,2,3,4,5,6), labels=c("65-69세","70-74세
","75-79세","80-84세","85-89세","90세이상"))

 table(x$연령대1)



# 등분산성 검정
bartlett.test(x$주관적삶의질 ~ x$연령대1, data=x)
# 분산분석(등분산가정)
ano2 <-aov(x$주관적삶의질~x$연령대1, data=x)
anova(ano2)
# welch's ANOVA 분산분석(등분산가정안함)
a<-oneway.test(x$주관적삶의질 ~ x$연령대1, data=x, var.equal=F)
print(a)
```

```
install.packages("psych")
library(psych)
describeBy(x$주관적삶의질, x$연령대1)
# 시각화 1
boxplot(x$주관적삶의질 ~ x$연령대1,  ylab="삶의질",col = "#00AFBB")

## 사후검정
# 등분산가정 시 사후분석1
install.packages("agricolae")
library(agricolae)
ano2 <-aov(x$주관적삶의질 ~ x$연령대1, data=x)
ano3=duncan.test(ano2, "x$연령대1", alpha=0.05, console=TRUE)
# 등분산가정 안 될 시 사후분석
install.packages("nparcomp")
library(nparcomp)
```

```
ano3=mctp(x$주관적삶의질 ~ x$연령대1, data=x)
summary(ano3)

# 테이블 만들기
install.packages("moonBook")
library(moonBook)
mytable(x)
```

(2) 성별에 따른 주관적 삶의 질

노인들의 성별에 따른 주관적 삶의 질에 대한 T-test 분석 결과이다. 커뮤니티 케어 노인의 성별에 따른 주관적 삶의 질 분석 결과 남자 어르신의 삶의 질 평균은 10점 만점에 3.17, 여자 어르신은 3.16으로 나타났다.

분석 결과, 노인의 성별에 따라 주관적 삶의 질은 통계적으로 차이가 없는 것으로 나타나 주관적 삶의 질 수준은 성별과 관계없이 유사한 것으로 보였다.

```
> t.test(two_t$주관적삶의질 ~   two_t$성별, var.equal=F)
        Welch Two Sample t-test
data:  two_t$주관적삶의질 by two_t$성별
t = 0.02517,  df = 502.45, p-value = 0.9799
     mean in group1        mean in group2
        3.170404              3.166667
```

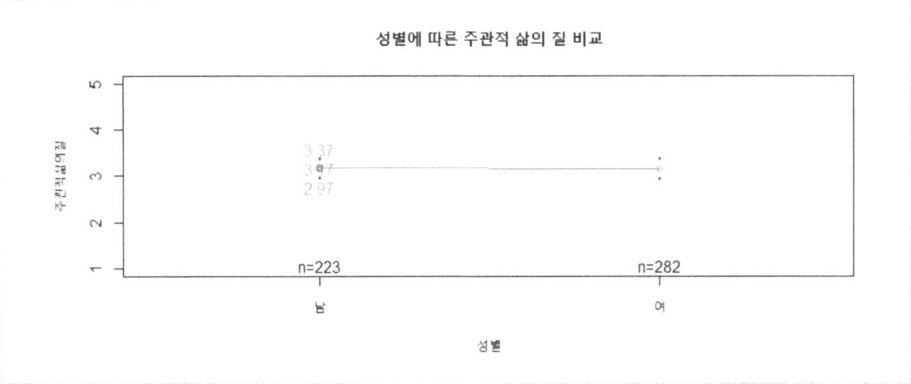

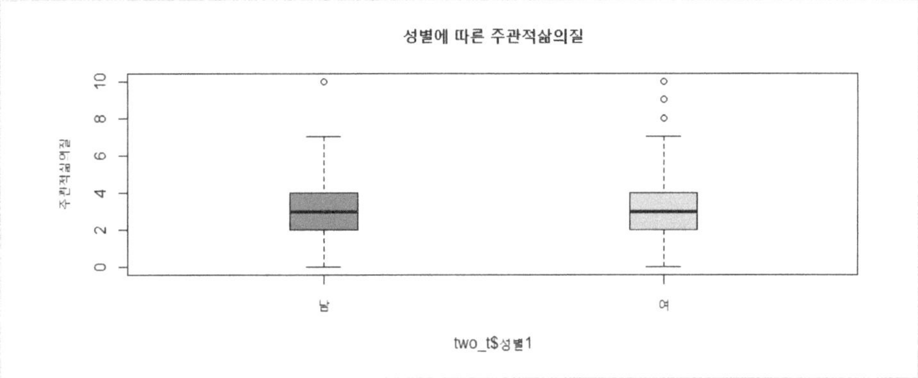

(3) 연령에 따른 주관적 삶의 질

노인들의 연령대별에 따른 주관적 삶의 질 분석 결과는 다음과 같다.

커뮤니티케어 노인의 연령별로 주관적 삶의 질에 차이가 있는지 알아보기 위한 one way_anova 분석 결과 연령대별로 주관적 삶의 질은 유의한 차이가 있는 것으로 나타났다. 구체적으로 65 ~ 69세의 주관적 삶의 질 평균이 3.59로 가장 높고, 70 ~ 74세 3.49, 75 ~ 84세 3.04, 85 ~ 89세 2.51, 90세 이상 2.29 순으로 나타났다. 분석 결과, 커뮤니티케어 노인의 주관적 삶의 질은 연령이 높을수록 반비례하여 점점 낮아지는 것으로 나타났다.

```
> a<-oneway.test(x$주관적삶의질 ~ x$연령대1, data=x, var.equal=F)
        One-way analysis of means (not assuming equal variances)
data: x$주관적삶의질 and x$연령대1
F=12.014, num df=5.0, denom df=180.3, p-value=4.76e-10
```

연령대	빈도(명)	삶의 질 평균	순위
65~69세	91	3.59	1
70~74세	131	3.49	2
75~79세	108	3.04	3
80~84세	102	3.05	3
85~89세	45	2.51	4
90세 이상	28	2.29	5

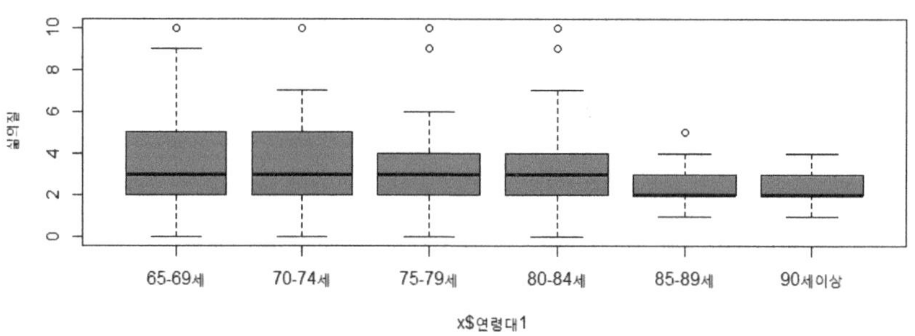

x$	주관적 삶의 질	groups
65-69세	3.593407	a
70-74세	3.488550	a
80-84세	3.049020	ab
75-79세	3.037037	ab
85-89세	2.511111	bc
90세 이상	2.285714	c

3) 주관적 삶의 질에 대한 상관관계

```
## 피어슨 상관분석
getwd()
setwd("C:/Rdatb")
getwd()
p <- read.csv("공공데이터1.csv", header=TRUE)
p<- na.omit(p)
str(p)
summary(p)
head(p)
tail(p)

# 상관계수 값과 각각의 유의확률
cov(p, use="na.or.complete")
cor_p <- cor(p, use="na.or.complete")
cor_p

attach(p)
cor.test(주관적삶의질, 건강어려움)
cor.test(주관적삶의질, 사회적안정감)
cor.test(주관적삶의질, 사회관계)
cor.test(주관적삶의질, 피곤정도)
cor.test(주관적삶의질, 질병수)
cor.test(주관적삶의질, 주관적건강수준)
cor.test(주관적삶의질, 입원의지)
cor.test(주관적삶의질, 입소의지)
cor.test(주관적삶의질, 재가의지)
cor.test(주관적삶의질, 식사빈도)

# 상관계수와 유의확률을 한 번에 표현
install.packages("Hmisc")
library(Hmisc)
rcorr(as.matrix(p), type="pearson")

# 산점도와 그래프 표현
install.packages("car")
library(car)
scatterplotMatrix(p)

# 그래프
install.packages("corrplot")
library(corrplot)
corrplot(cor_p, method="circle")
```

```
# 도표
install.packages("sjlabelled")
library(sjlabelled)
install.packages("sjPlot")
library(sjPlot)
sjt.corr(cor_p, corr.method="pearson", na.deletion="pairwise",
p.numeric=T, triangle="lower", encoding="EUC-KR")
```

노인의 주관적 삶의 질과 관련이 있는 요인들을 알아보기 위한 상관분석(correlation analysis) 결과는 다음과 같다.

커뮤니티케어 노인의 주관적 삶의 질에 가장 밀접한 관련이 있는 요인은 건강어려움 요인(0.872)인 것으로 나타났다.[1] 이 분석에서 사용한 건강어려움의 하위요인은 일하기 어려움, 활력저하, 불행감, 계단오르기 어려움, 통증정도, 우울정도, 수면어려움, 기억력저하 등으로 구성되었다.

변 수	건강어려움	주관적삶의질	사회적안정감	사회관계	피곤정도	질병수	주관적건강수준	입원의지	입소의지	재가의지	식사빈도
건강어려움											
주관적삶의질	0.872										
사회적안정감	-0.112	-0.102									
사회관계	-0.45	-0.509	0.162								
피곤정도	-0.35	-0.453	0.013	0.242							
질병수	0.19	0.193	-0.063	-0.045	-0.052						
주관적건강수준	-0.473	-0.53	0.038	0.458	0.377	0.105					
입원의지	-0.088	-0.099	0.043	0.078	-0.066	-0.09	-0.035				
입소의지	-0.053	-0.079	-0.018	0.071	0.019	-0.077	-0.027	0.703			
재가의지	-0.203	-0.182	0.222	0.158	-0.112	-0.147	-0.026	0.266	0.144		
식사빈도	-0.204	-0.259	0.055	0.147	0.096	-0.113	0.145	-0.068	-0.034	0.017	

Computed correlation used pearson-method with pairwise-deletion.

1) $-1 < r < -0.7$이면, 강한 음의 선형관계
$-0.7 < r < -0.3$이면, 뚜렷한 음의 선형관계
$-0.3 < r < -0.1$이면, 약한 음의 선형관계
$-0.1 < r < +0.1$이면, 무시할 수 있는 선형관계
$+0.1 < r < +0.3$이면, 약한 양의 선형관계
$+0.3 < r < +0.7$이면, 뚜렷한 양의 선형관계
$+0.7 < r < +1$이면, 강한 양적 선형관계

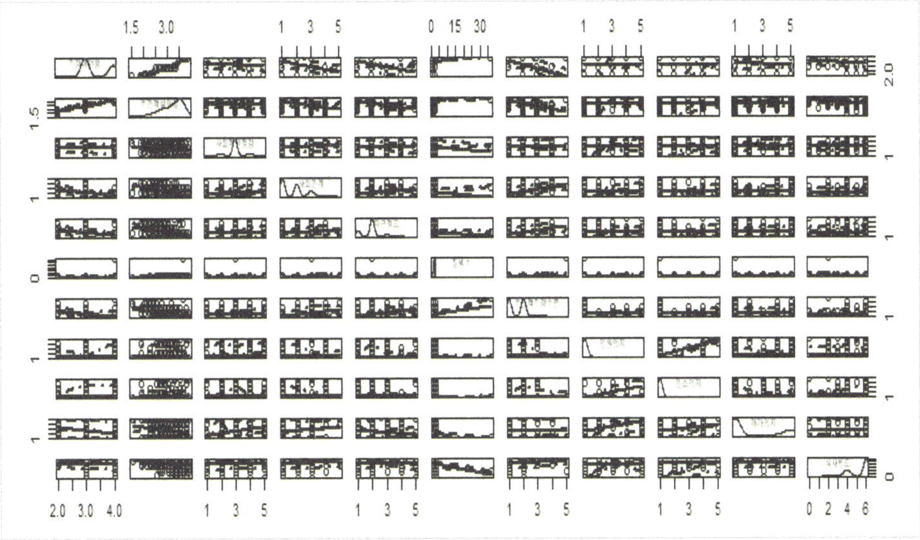

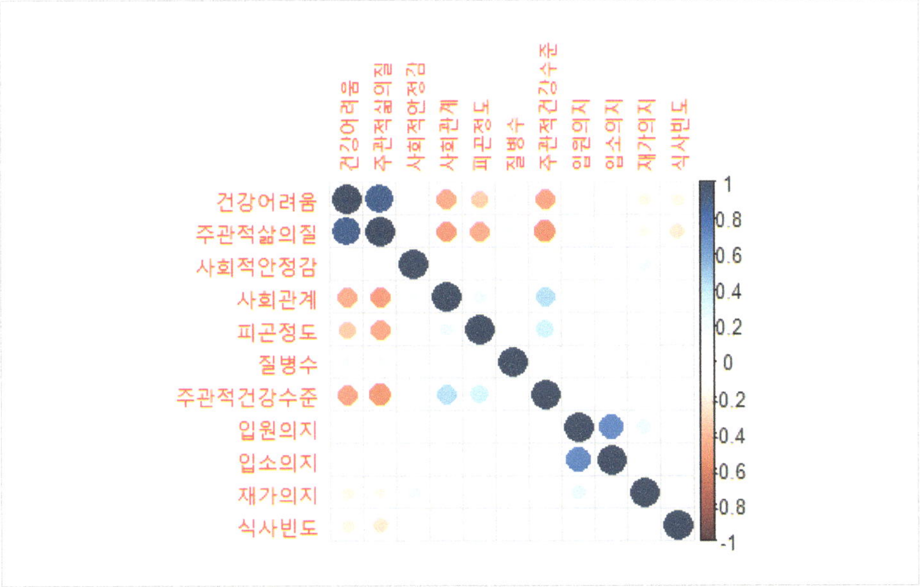
건강어려움
주관적삶의질
사회적안정감
사회관계
피곤정도
질병수
주관적건강수준
입원의지
입소의지
재가의지
식사빈도
1
0.8
0.6
0.4
0.2
0
-0.2
-0.4
-0.6
-0.8
-1

9.5

연령대별 평균비교 분석

1) 데이터 처리와 R-code

```
#1 데이터 처리
getwd()
setwd("C:/Rdatb")
one_ano<- read.csv("공공데이터.csv")
str(one_ano)
x <- one_ano
summary(x)
## 숫자-문자로 변환
# 1. 연령
x$연령대1 <- factor(x$연령대, levels=c(1,2,3,4,5,6), labels=c("65-69세","70-74세
","75-79세","80-84세","85-89세","90세이상"))
table(x$연령대1)
## 패키지 설치
# 기술통계
install.packages("psych")
library(psych)
# 등분산가정 시 사후분석
install.packages("agricolae")
library(agricolae)
# 등분산가정 안 될 시 사후분석
install.packages("nparcomp")
library(nparcomp)
# 테이블 만들기
install.packages("moonBook")
library(moonBook)
```

2) 지역 원조 기대감

(1) R-code

```
#2 연령대별 지역기대감
```

```
# 등분산성 검정
bartlett.test(x$지역기대감 ~ x$연령대1, data=x)

# 분산분석(등분산가정)
ano2 <-aov(x$지역기대감~x$연령대1, data=x)
anova(ano2)

library(psych)
describeBy(x$지역기대감, x$연령대1)

# 시각화 1
 boxplot(x$지역기대감 ~ x$연령대1,  ylab="기대감",col = "#00AFBB")
```

(2) 분석 결과

노인들이 일상생활에 문제가 생겼을 때 지역사회에서 도움을 받을 수 있을 것이라는 기대감의 평균은 5점 만점에 3점으로 나타나 보통수준을 보였다.

성별로 지역적 원조 기대감 평균은 남자 노인 2.99명, 여자 노인 3.00으로 나타나 성별로 차이가 없었다.

연령대별 지역에서 도움을 받을 수 있을 것이라는 기대감은 다음과 같다. 연령대별로 사회적으로 도움을 기대하고 있는 사람의 수가 통계적으로 유의한 차이는 없으나, 비교적 연령이 낮은 노인일 경우 지역원조에 대한 기대감이 낮은 것으로 나타났다. 구체적으로 75~79세 노인은 3.19로 가장 높고, 85~89세는 3.09, 80~84세가 2.97 순이었으며, 65~69세는 2.87, 70~74세는 2.93으로 낮은 순위를 나타냈다.

Analysis of Variance Table

Response: x$지역기대감

	Df	Sum Sq	Mean Sq	F value	Pr(>F)
x$연령대1	5	6.76	1.35272	1.8085	0.1095

연령대	빈도(명)	지역원조 기대감	유사그룹	순위
65~69세	91	2.87	a	6
70~74세	131	2.93	a	5
75~79세	108	3.19	a	1
80~84세	102	2.97	a	3
85~89세	45	3.09	a	2
90세 이상	28	2.96	a	4

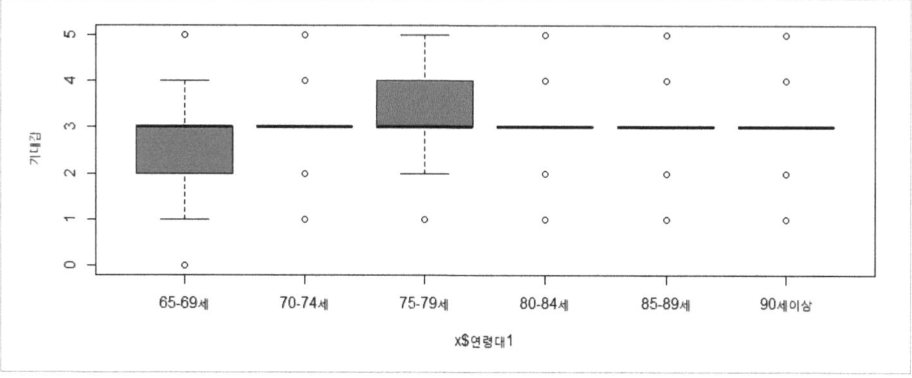

3) 사회관계

(1) R-code

```
#3 연령대별 사회관계
# 등분산성 검정
bartlett.test(x$사회관계 ~ x$연령대1, data=x)

# 분산분석(등분산가정)
ano2 <-aov(x$사회관계 ~ x$연령대1, data=x)
anova(ano2)


library(psych)
describeBy(x$사회관계, x$연령대1)

# 시각화 1
boxplot(x$사회관계 ~ x$연령대1,  ylab="관계",col = "#00AFBB")
```

```
# 사후검정
# 등분산가정시 사후분석1
library(agricolae)
ano2 <-aov(x$사회관계 ~ x$연령대1, data=x)
ano3=duncan.test(ano2, "x$연령대1", alpha=0.05, console=TRUE)
```

(2) 분석 결과

노인들의 연령대별로 필요로 하는 사회적 접촉이 충분한지에 대한 분석 결과는 다음과 같다. 연령대별로 사회적 접촉 충족도에 대한 일원배치분산분석 결과 통계적으로 유의한 차이를 보였다. 분석 결과 노인들의 나이가 적을수록 사회적 접촉의 충족도 평균이 높았으며 나이가 들어감에 따라 사회적 접촉이 충분하지 않다고 느끼고 있다. 따라서 연령대에 따라 사회적 만남 지원프로그램의 개입이 필요한 것으로 사료되었다.

```
Analysis    of Variance Table
Response:   x$사회관계
              Df   Sum Sq    Mean Sq   F value    Pr(>F)
x$연령대1     5     12.75    2.55024     3.071    0.009666   **
```

연령대	빈도(명)	사회관계	유사그룹	순위
65~69세	91	2.01	a	1
70~74세	131	2.02	a	2
75~79세	108	1.91	b	3
80~84세	102	1.74	c	4
85~89세	45	1.62	d	5
90세 이상	28	1.54	e	6

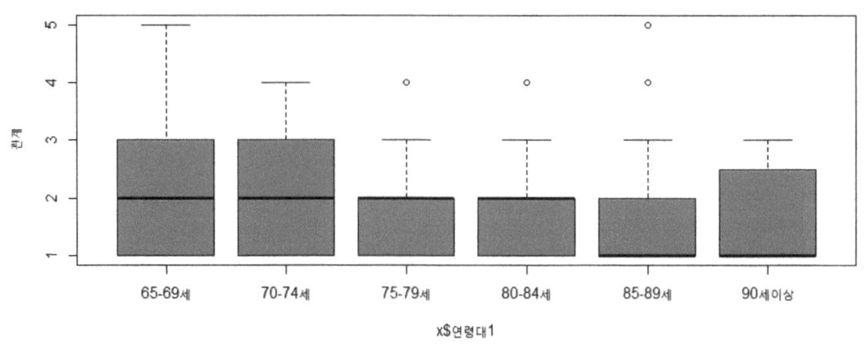

x$	사회관계	groups
70-74세	2.022901	a
65-69세	2.010989	a
75-79세	1.907407	ab
80-84세	1.735294	abc
85-89세	1.622222	bc
90세이상	1.535714	c

4) 노인의 주관적 건강수준

(1) R-code

```
#4 연령대별 주관적건강수준
# 등분산성 검정
bartlett.test(x$주관적건강수준 ~ x$연령대1, data=x)
# 분산분석(등분산가정)
ano2 <-aov(x$주관적건강수준 ~ x$연령대1, data=x)
anova(ano2)
library(psych)
describeBy(x$주관적건강수준, x$연령대1)

# 시각화 1
boxplot(x$주관적건강수준 ~ x$연령대1,  ylab="수준",col = "#00AFBB")
```

(2) 분석 결과

노인들의 연령대별로 주관적 건강수준 차이에 대한 분석 결과는 다음과 같다. 연령대별로 주관적 건강수준에 대한 일원배치분산분석 결과 통계적으로 유의한 차이가 없어 노인들의 주관적 건강상태는 연령과 관계없는 것으로 나타났다.

```
Analysis     of Variance Table
Response:   x$주관적건강수준
               Df      Sum Sq      Mean Sq    F value      Pr(>F)
x$연령대1    5       3.772        0.75450     1.4514       0.2044
```

연령대	빈도(명)	주관적 건강수준	유사그룹	순위
65~69세	89	1.72	a	2
70~74세	130	1.82	a	1
75~79세	107	1.65	b	4
80~84세	102	1.63	c	5
85~89세	45	1.53	d	6
90세 이상	27	1.67	e	3

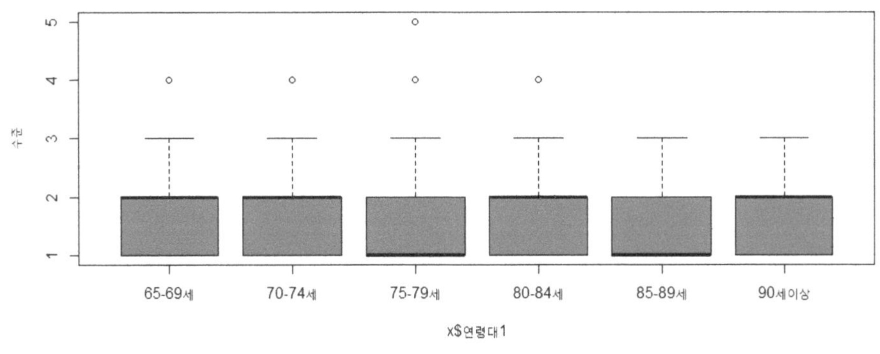

제10장

관광데이터를 활용한 정보분석

- 10.1 지역 관광데이터 개요
- 10.2 인구통계학적 특성
- 10.3 방문객 특성별 평균비교 분석

10.1
지역 관광데이터 개요

1) 자료수집

2019년 09월부터 10월까지 1:1 면접을 통해 조사를 실시하였다. 지방자치단체의 지역축제에 방문한 방문객을 대상으로 설문조사한 내용을 중심으로 정보자료를 분석한다.

2) 변수 내용

변 수	변수 내용		측정방법
축제행사 만족도	축제 재미		7점 척도, 연속형
	축제 관련 프로그램		
	축제 관련 먹거리		
	축제 관련 살 거리		
	축제 관련 사전 홍보		
	축제장 내 안내·해설		
	축제를 통한 지역문화		
	축제장 시설 안전		
	다른 지역축제 차별성		
	타인에게 축제를 소개		
	내년 지역관광축제에 다시 방문		
	축제장의 접근성 및 주차장		
지출 항목	교통비	유흥비	연속형
	숙박비	쇼핑비	
	식음료비	기타비용	
인구통계학적 특성	성별	방문목적	범주형
	연령	재방문	
	직업	거주지	

10.2
인구통계학적 특성

1) R-code

```
### 데이터 불러오기
getwd()
setwd("C:/Rdatb")
getwd()
freq <- read.csv("sanch_data.csv")
install.packages("Hmisc")
library(Hmisc)
install.packages("ggplot2")
library(ggplot2)

### 인구통계학적 특성
freq$성별1 <- factor(freq$성별,levels=c(1,2), labels=c("남성","여성"))
describe(freq$성별1)
barplot(table(freq$성별1), xlab="성별", ylab="빈도수",  main="성별에 따른 빈도 수",
ylim=c(0,300),col = "#00AFBB")

freq$연령1  <-  factor(freq$연령,levels=c(1,2,3,4,5,6,7),  labels=c("10대","20대
","30대","40대","50대","60대","70대이상"))
describe(freq$연령1)
barplot(table(freq$연령1), xlab="연령", ylab="빈도수",  main="연령에 따른 빈도 수",
ylim=c(0,200),col = "#00AFBB")

freq$거주지1  <-  factor(freq$거주지,  levels=c(1,2),  labels=c("지역주민","외부방문객
"))
describe(freq$거주지1)
barplot(table(freq$거주지1), xlab="거주지", ylab="빈도수",  main="거주지에 따른 빈도
수", ylim=c(0,300),col = "#00AFBB")


freq$직업1 <- factor(freq$직업,levels=c(1,2,3,4,5,6,7), labels=c("농수산업","상업
","회사원","학생","공무원","전업주부","기타"))
describe(freq$직업1)
barplot(table(freq$직업1), xlab="직업", ylab="빈도수",  main="직업에 따른 빈도 수",
ylim=c(0,100),col = "#00AFBB")
```

```
freq$지역별1 <- factor(freq$지역별,levels=c(1,2,3,4,5,6,7), labels=c("지자체","경
남","대구/경북","부산/울산", "광주/전남북","수도권","대전/충남"))
describe(freq$지역별1)
barplot(table(freq$지역별1), xlab="지역별", ylab="빈도수",  main="지역별에 따른 빈도
수", ylim=c(0,200),col = "#00AFBB")
```

2) 대상자 성별분포

대상자의 성별에 대한 분포를 나타낸 분석 결과이다. 대상자들의 성별분포를 보면, 남성이 141명(37.3%), 여성이 237명(62.7%)으로 여성이 더 높은 분포를 보였다.

freq$성별1

	n	missing	distinct
	378	0	2
Value		남성	여성
Frequency		141	237
Proportion		0.373	0.627

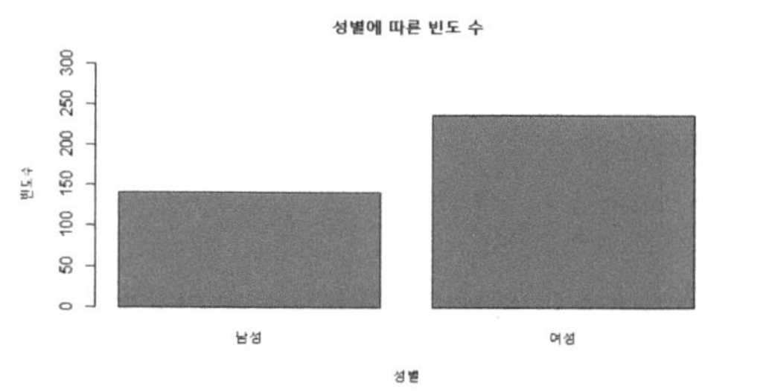

3) 대상자 연령분포

대상자의 연령에 대한 분포를 나타낸 결과이다. 대상자들의 연령대를 살펴본 결과, 50대와 60대가 각각 110명(29.1%), 71명(18.8%)으로 가장 높은 분포를 보였고, 다음으로 40대 58명(15.3%) 등의 분포를 보여 연령대가 높은 순으로 대상자 비율이 높았다.

freq$연령1

	n	missing	distinct				
	378	0	7				
Value	10대	20대	30대	40대	50대	60대	70대 이상
Frequency	24	32	44	58	110	71	39
Proportion	0.063	0.085	0.116	0.153	0.291	0.188	0.103

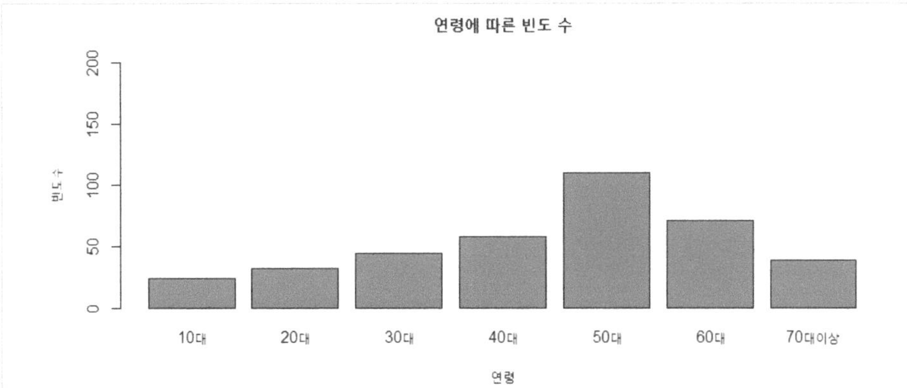

4) 거주지역

축제참석이 방문목적인 조사대상자 중 거주지별로 그 분포를 살펴본 결과, 지역주민(산청)이 28.3%, 외래 관광객이 71.7%로 나타났다.

```
freq$거주지1
 n      missing    distinct
 378       0          2
Value      지역주민  외부방문객
Frequency      107         271
Proportion   0.283       0.717
```

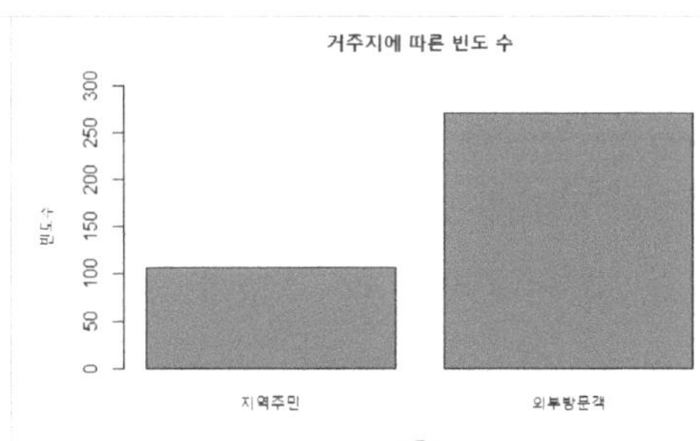

5) 대상자 직업분포

대상자의 직업에 대한 분포를 나타낸 결과이다. 대상자들의 직업분포를 살펴본 결과. 회사원이 24.6%, 전업주부와 기타직업이 각각 21.7%, 상업 9.0% 순이었으며 농수산업종사자가 가장 낮은 6.9%를 나타냈다.

	n	missing	distinct				
	378	0	7				
Value	농수산업	상업	회사원	학생	공무원	전업주부	기타
Frequency	26	34	93	30	31	82	82
Proportion	0.069	0.090	0.246	0.079	0.082	0.217	0.217

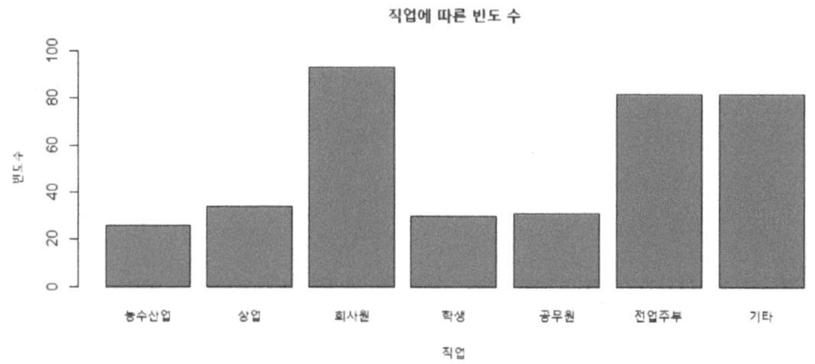

6) 방문객의 지역별 분포

설문응답자의 지역에 대한 분포를 나타낸 결과이다. 방문객을 대상으로 지역별 거주지 분석을 실시하였다. 경상남도 지방자치단체의 거주자가 107명(28.3%)이었고, 타 지역 방문객이 271명(71.7%)로 외래지역 거주자의 분포가 절대적으로 높은 편이었다. 타 지역의 경우는 경남(지방자치단체 제외) 161명(42.6%), 지방자치단체와 경상남도 전역의 거주자를 제외한 타 지역 거주 관광객은 110명(29.1%)이 방문한 것으로 조사되었다. 기타 거주지별 분포에서 부산/울산 8.5%, 대구/경북 5.3%, 광주/전남/전북 9.5%, 서울/인천/경기 4.2%, 대전/충남 1.6%로 다양한 분포를 보였다.

freq$지역별1

	n	missing	distinct				
	378	0	7				
Valu	지자체	경남	대구/경북	부산/울산	광주/전남북	수도권	대전/충남
Frequency	107	161	0	32	36	16	6
Proportion	0.283	0.426	0.053	0.085	0.095	0.042	0.016

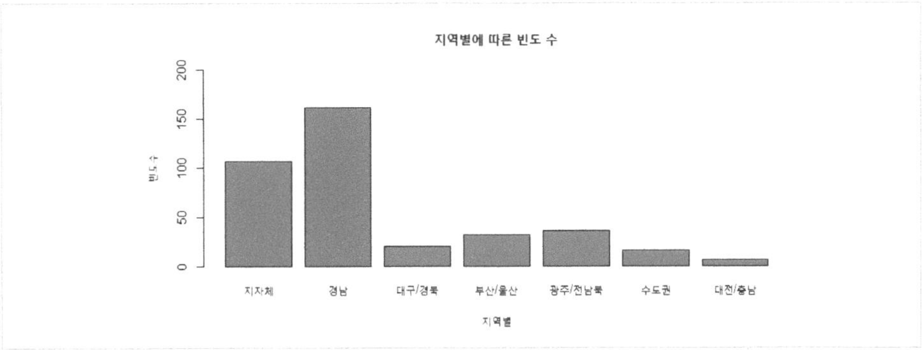

10.3 방문객 특성별 평균비교 분석

1) 방문객의 성별 특성 분석

(1) R-code

```
## 성별 특성 분석
#데이터 불러오기
getwd()
setwd("C:/Rdatb")
getwd()
two_t <- read.csv("sanch_data.csv")
str(two_t)
summary(two_t)
head(two_t)
tail(two_t)

# 등분산성 검정
var.test(two_t$전체만족도~ two_t$성별)
var.test(two_t$지출금액 ~ two_t$성별)
var.test(two_t$재방문의지~ two_t$성별)
```

```
# 분석
t.test(two_t$전체만족도~ two_t$성별, var.equal=T)
t.test(two_t$지출금액 ~ two_t$성별, var.equal=F)
t.test(two_t$재방문의지~ two_t$성별, var.equal=T)

# 시각화
install.packages("gplots")
library(gplots)

two_t$성별1 <- factor(two_t$성별, levels=c(1,2), labels=c("남","여"))
```

```
# boxplot
t.test(two_t$전체만족도 ~ two_t$성별1, data=two_t)
boxplot(two_t$전체만족도~ two_t$성별1, boxwex = 0.5, main="성별에 따른 전체만족도비교
", col = c("#00AFBB", "#E7B800"), ylab="전체만족도", ylim=c(1,7) )

t.test(two_t$지출금액 ~ two_t$성별1, data=two_t)
boxplot(two_t$지출금액~ two_t$성별1, boxwex = 0.5, main="성별에 따른 지출금액비교 ",
col = c("#00AFBB", "#E7B800"), ylab="지출금액", ylim=c(1,150000) )

t.test(two_t$재방문의지 ~ two_t$성별1, data=two_t)
boxplot(two_t$재방문의지~ two_t$성별1, boxwex = 0.5, main="성별에 따른 재방문의지비교
", col = c("#00AFBB", "#E7B800"), ylab="재방문의지", ylim=c(1,7) )
```

(2) 축제방문객 성별 만족도 비교 분석

축제방문객의 성별로 만족도에 차이가 있는지 알아보기 위한 t-test 분석 결과 성별과 만족도는 유의한 차이가 없었다.

```
Two    Sample  t-test
data:  two_t$전체만족도 by two_t$성별
t = 0.55501,  df = 376,  p-value = 0.5792
      meaningroup1          meaningroup2
         5.526950              5.465823
```

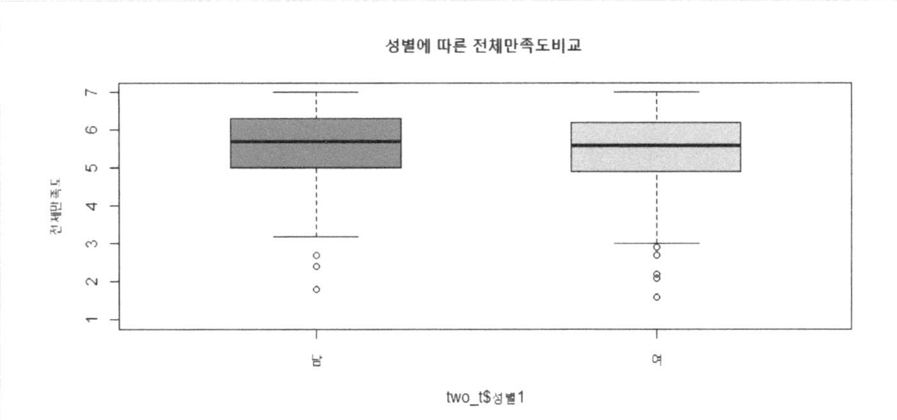

(3) 축제방문객 성별 소비지출액 비교 분석

축제방문객의 성별로 지출금액에 차이가 있는지 알아보기 위한 t-test 분석 결과 성별과 지출금액은 통계적으로 유의한 차이가 없었다.

```
Welch    Two Sample t-test
data:  two_t$지출금액 by two_t$성별
t = -0.5448,  df = 367.23, p-value = 0.5862
meaningroup1              meaningroup2
         65309.78              71628.29
```

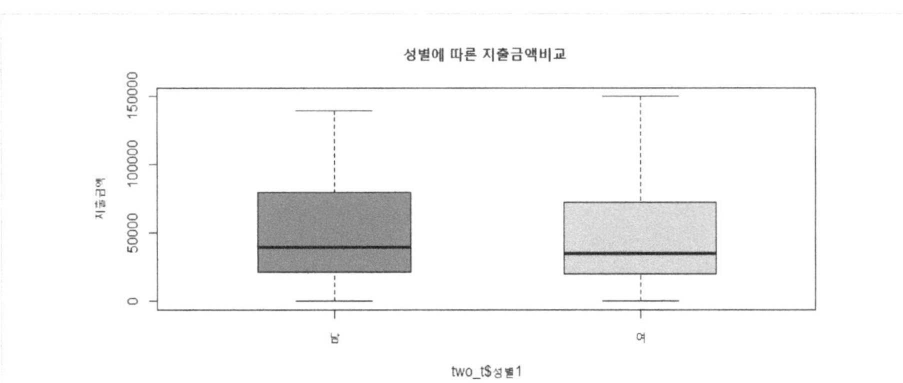

(4) 축제방문객 성별 재방문의지 비교 분석

축제방문객의 성별로 재방문의지에 차이가 있는지 알아보기 위한 t-test 분석 결과 성별과 재방문의지는 통계적으로 유의한 차이가 없었다.

```
Two    Sample  t-test
data:  two_t$재방문의지  by  two_t$성별
t = 0.35595,  df = 376, p-value = 0.7221
meaningroup1           meaningroup2
          5.602837           5.552743
```

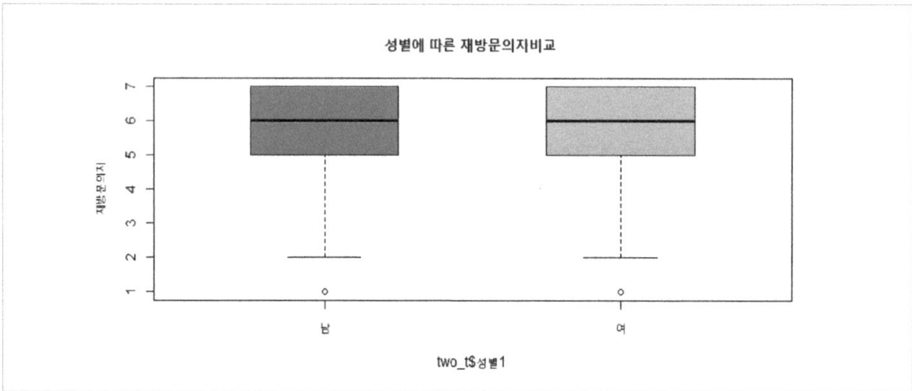

2) 방문객 거주지별 특성 분석

(1) R-code

```
## 거주지별 특성 분석
# 거주지별 등분산성 검정
var.test(two_t$전체만족도~ two_t$거주지)
var.test(two_t$지출금액 ~ two_t$거주지)
var.test(two_t$재방문의지~ two_t$거주지)

# 분석
t.test(two_t$전체만족도~ two_t$거주지, var.equal=T)
t.test(two_t$지출금액 ~ two_t$거주지, var.equal=F)
t.test(two_t$재방문의지~ two_t$거주지, var.equal=T)

# 시각화
```

```
install.packages("gplots")
library(gplots)

two_t$거주지1 <- factor(two_t$거주지, levels=c(1,2), labels=c("지역주민","외래방문객
"))

# boxplot
t.test(two_t$전체만족도 ~ two_t$거주지1, data=two_t)
boxplot(two_t$전체만족도~ two_t$거주지1, boxwex = 0.5, main="거주지에 따른 전체만족도비
교 ", col = c("#00AFBB", "#E7B800"), ylab="전체만족도", ylim=c(1,7) )

t.test(two_t$지출금액 ~ two_t$거주지1, data=two_t)
boxplot(two_t$지출금액~ two_t$거주지1, boxwex = 0.5, main="거주지에 따른 지출금액비교
", col = c("#00AFBB", "#E7B800"), ylab="지출금액", ylim=c(1,150000) )

t.test(two_t$재방문의지 ~ two_t$거주지1, data=two_t)
boxplot(two_t$재방문의지~ two_t$거주지1, boxwex = 0.5, main="거주지에 따른 재방문의지비
교 ", col = c("#00AFBB", "#E7B800"), ylab="재방문의지", ylim=c(1,7) )
```

(2) 축제방문객 거주지별 만족도 비교 분석

축제방문객의 거주지별로 만족도에 차이가 있는지 알아보기 위한 t-test 분석 결과 거주지와 만족도는 통계적으로 유의한 차이가 없었다.

```
Two     Sample  t-test
data:   two_t$전체만족도  by  two_t$거주지
t  =  -1.6907,  df  =  376,  p-value  =  0.09172
meaningroup1              meaningroup2
      5.345794                  5.545018
```

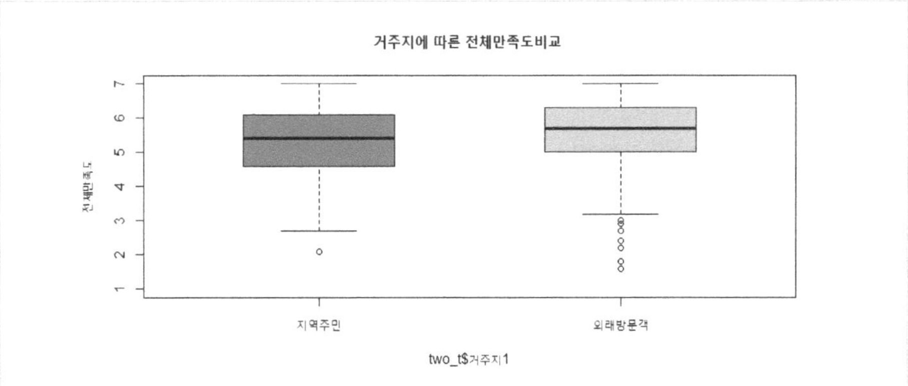

(3) 축제방문객 거주지별 소비지출액 비교 분석

축제방문객의 거주지별로 지출금액에 차이가 있는지 알아보기 위한 t-test 분석 결과 거주지와 지출금액은 유의한 차이가 있는 것으로 나타났다. 구체적으로 외래방문객의 지출평균이 지역주민 방문객보다 높은 것으로 나타났다.

```
Welch    Two  Sample  t-test
data:   two_t$지출금액  by  two_t$거주지
t  =  -2.522,  df  =  373.41,  p-value  =  0.01209
meaningroup1             meaningroup2
    50073.24                 76851.46
```

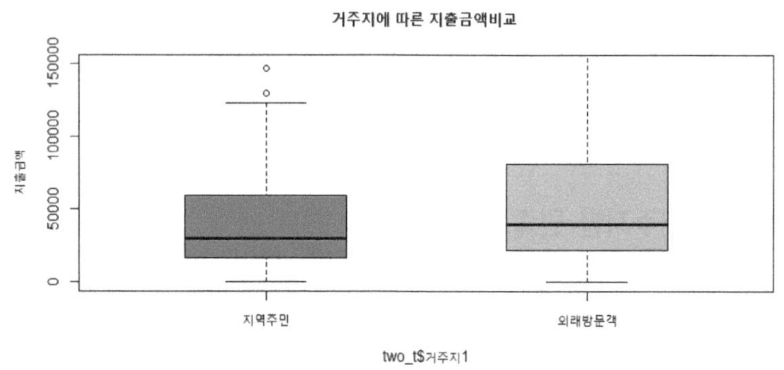

(4) 축제방문객 거주지별 재방문의지 비교 분석

축제방문객의 거주지별로 재방문의지의 차이에 대한 t-test 분석 결과 거주지별로 재방문의지는 통계적으로 유의한 차이가 없었다.

```
Two     Sample  t-test
data:   two_t$재방문의지  by  two_t$거주지
t  =   -0.78941,  df  =  376,  p-value  =  0.4304
meaningroup1             meaningroup2
    5.485981                 5.605166
```

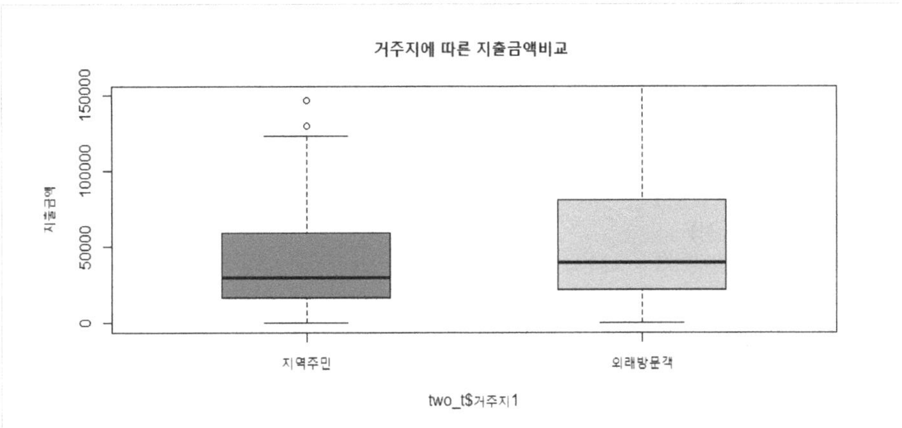

3) 방문객 연령별 특성 분석

(1) R-code

```
##일원배치분산분석(연령)
getwd()
setwd("C:/Rdatb")
one_ano<- read.csv("sanch_data.csv")
str(one_ano)
x <- one_ano

x$연령1 <- factor(x$연령, levels=c(1,2,3,4,5,6,7), labels=c("10대","20대","30대
","40대","50대","60대","70대이상"))
table(x$연령1)
install.packages("Hmisc")
library(Hmisc)
describe(x$연령1)

# 등분산성 검정
bartlett.test(x$전체만족도 ~ x$연령1, data=x)
bartlett.test(x$지출금액 ~ x$연령1, data=x)
bartlett.test(x$재방문의지 ~ x$연령1, data=x)

# 분산분석(등분산가정)
ano2 <-aov(x$전체만족도 ~ x$연령1, data=x)
anova(ano2)
library(psych)
describeBy(x$전체만족도, x$연령1)
```

```
# welch's ANOVA 분산분석(등분산가정안함)
a<-oneway.test(x$지출금액 ~ x$연령1, data=x, var.equal=F)
print(a)
library(psych)
describeBy(x$지출금액, x$연령1)

# 분산분석(등분산가정)
ano3 <-aov(x$재방문의지 ~ x$연령1, data=x)
anova(ano3)
library(psych)
describeBy(x$재방문의지, x$연령1)

# 시각화 1
boxplot(x$전체만족도 ~ x$연령1,  ylab="만족도", col = "#00AFBB")
boxplot(x$지출금액 ~ x$연령1,  ylab="지출금액", col =  "#E7B800", ylim=c(1,200000))
boxplot(x$재방문의지 ~ x$연령1,  ylab="재방문의지", col = "#00AFBB")
```

(2) 방문객 연령별 만족도 비교 분석

축제방문객의 연령별로 만족도에 차이가 있는지 알아보기 위한 one way_anova 분석 결과 연령별 특성과 만족도는 유의한 차이가 없었다. 이는 모든 연령대가 지역관광축제에 대해 만족하고 있다는 것을 나타내는 것으로 연령대에 맞는 프로그램이 고루 분포되었다.

```
> ano2 <-aov(x$전체만족도 ~    x$연령, data=x)
Response:  x$전체만족도
            Df  Sum  Sq     Mean  Sq      F  value     Pr(>F)
x$연령       1       0.20     0.20385        0.19     0.6631
```

연령대	응답자수	지출평균	비율(%)
10대	24	5.73	6.3
20대	32	5.41	8.5
30대	44	5.56	11.6
40대	58	5.49	15.3
50대	110	5.39	29.1
60대	71	5.50	18.8
70대 이상	39	5.57	10.3

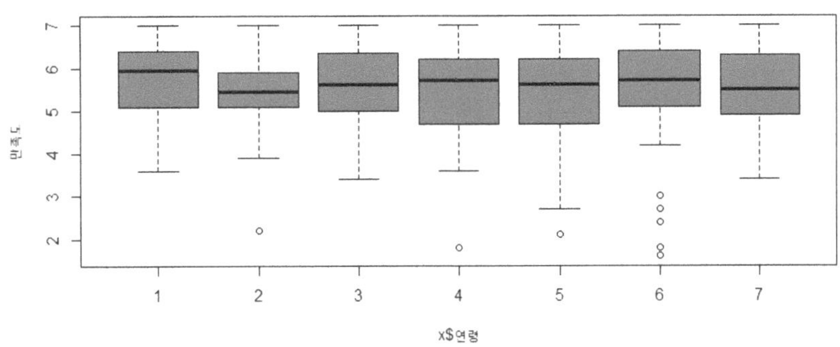

(3) 방문객 연령대별 소비지출액 비교 분석

축제방문객들의 연령대별에 따른 소비지출 분석 결과는 다음과 같다. 축제방문객의 연령대별로 지출금액에 차이가 있는지 알아보기 위한 one way_anova 분석결과 지역과 지출금액은 유의한 차이가 있는 것으로 나타났다. 구체적으로 40대가 1인당 평균 93,114원으로 전체 지출의 20.6%를 차지하였고, 50대는 1인당 평균 87,236원(36.6%)을 지출하여 40~50대가 전체 소비지출의 57.2%를 차지하였다.

한편 60대(63,664)보다 70대(68,596) 이상의 인당 지출평균이 높은 것이 특이사항이며, 그밖에 30대(53,702), 20대(32,975), 10대(23,936) 순으로 나타났다.

```
One-way analysis of means (not assuming equal variances)
data: x$지출금액 and x$연령
F=6.8618, numdf=6.00, denomdf=141.46, p-value=2.075e-06
```

연령대	응답자수	지출평균	비율(%)
10대	24	23,936	6.3
20대	32	32,975	8.5
30대	44	53,702	11.6
40대	58	93,114	15.3
50대	110	87,236	29.1
60대	71	63,664	18.8
70대 이상	39	68,596	10.3

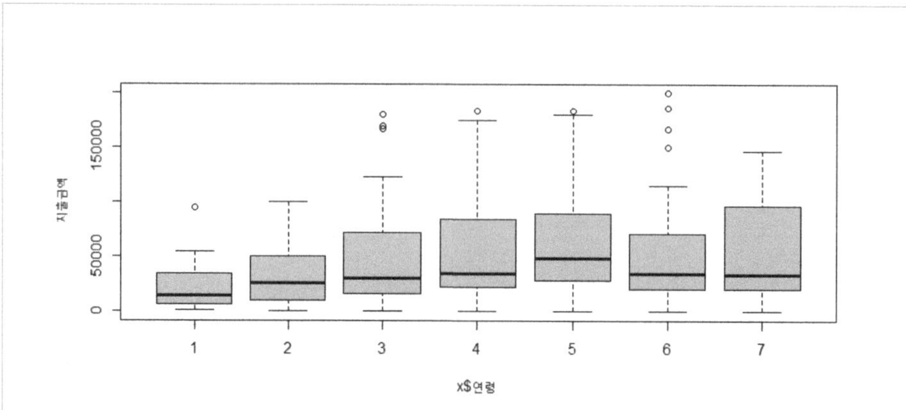

(4) 방문객 연령별 재방문의지 비교 분석

축제방문객의 연령별로 재방문의지의 차이에 대한 one way_anova 분석 결과 거주지별로 재방문의지는 통계적으로 유의한 차이가 없었다.

```
> ano3 <-aov(x$재방문의지 ~   x$연령, data=x)
Response:  x$재방문의지
            Df   Sum Sq   Mean Sq   F value   Pr(>F)
x$연령       1     3.35    3.3519    1.9235   0.1663
```

연령대	응답자수	지출평균	비율(%)
10대	24	5.83	6.3
20대	32	5.19	8.5
30대	44	5.39	11.6
40대	58	5.53	15.3
50대	110	5.55	29.1
60대	71	5.7	18.8
70대 이상	39	5.82	10.3

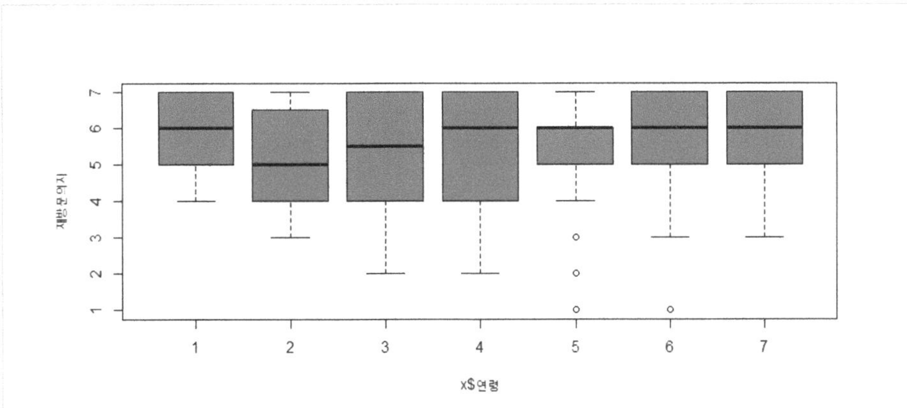

4) 방문객 지역별 특성 분석

(1) R-code

```
##일원배치분산분석(지역별)

getwd()
setwd("C:/Rdatb")
one_ano<- read.csv("sanch_data.csv")
str(one_ano)
x <- one_ano

x$지역별1 <- factor(x$지역별, levels=c(1,2,3,4,5,6,7), labels=c("지자체","경남","대
구경북","부산울산","광주전남북","수도권","대전충남"))
table(x$지역별1)
install.packages("Hmisc")
library(Hmisc)
describe(x$지역별1)

# 등분산성 검정
bartlett.test(x$전체만족도 ~ x$지역별1, data=x)
bartlett.test(x$지출금액 ~ x$지역별1, data=x)
bartlett.test(x$재방문의지 ~ x$지역별1, data=x)

# 분산분석(등분산가정)
ano2 <-aov(x$전체만족도 ~ x$지역별1, data=x)
anova(ano2)
install.packages("psych")
```

```
library(psych)
describeBy(x$전체만족도, x$지역별1)
```

```
# welch's ANOVA 분산분석(등분산가정안함)
a<-oneway.test(x$지출금액 ~ x$지역별1, data=x, var.equal=F)
print(a)
library(psych)
describeBy(x$지출금액, x$지역별1)

# 분산분석(등분산가정)
ano3 <-aov(x$재방문의지 ~ x$지역별1, data=x)
anova(ano3)
library(psych)
describeBy(x$재방문의지, x$지역별1)

# 시각화 1
boxplot(x$전체만족도 ~ x$지역별1,  ylab="만족도", col="#00AFBB")
boxplot(x$지출금액 ~ x$지역별1,  ylab="지출금액", col="#E7B800", ylim=c(1,200000))
boxplot(x$재방문의지 ~ x$지역별1,  ylab="재방문의지", col="#00AFBB")
```

(2) 방문객 지역별 만족도 비교 분석

축제방문객의 지역별로 만족도에 차이가 있는지 알아보기 위한 one way_anova 분석 결과 지역별로 만족도는 유의한 차이가 없었다. 이는 모든 지역의 방문객들이 지역관광축제에 대해 만족하고 있다.

```
> ano2 <-aov(x$전체만족도 ~    x$지역별1, data=x)
Response:  x$전체만족도
              Df    Sum Sq    Mean Sq    F value    Pr(>F)
x$지역별1      6       7.64     1.2728     1.1928    0.3093
```

거주지	응답자수	지출평균	비율(%)
지방자치단체	107	5.35	28.3
경남(지방자치단체 제외)	161	5.46	42.6
대구/경북	20	5.71	5.3
부산/울산	32	5.56	8.5
광주/전남/전북	36	5.82	9.5
서울/경기/인천/강원	16	5.61	4.2
대전/충남	6	5.50	1.6

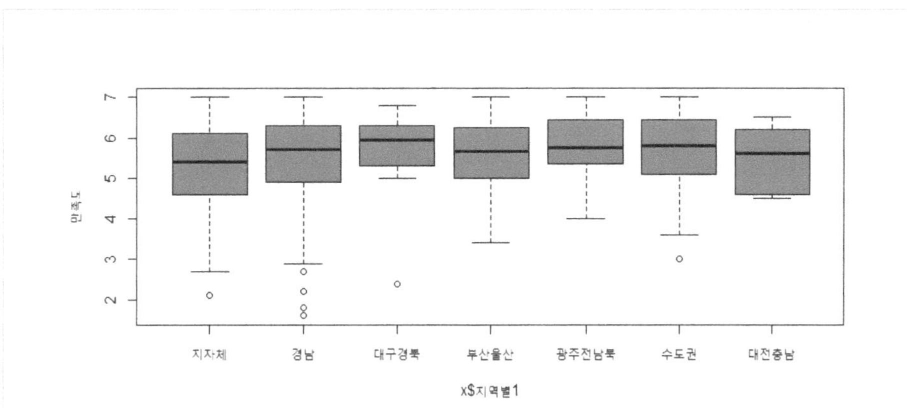

(3) 방문객 지역별 소비지출액 비교 분석

축제방문객들의 지역별에 따른 소비지출 분석 결과는 다음과 같다. 축제방문객의 지역별로 지출금액에 차이가 있는지 알아보기 위한 one way_anova 분석 결과 지역과 지출금액은 유의한 차이가 있는 것으로 나타났다. 구체적으로 서울/경기/인천/강원지역의 방문객의 인당 지출평균이 129,994원으로 가장 높고, 부산/울산, 대전/충남, 경남(지방자치단체 제외)순이며, 지방자치단체 지역주민 방문객의 인당 지출평균은 50,073원으로 나타났다.

```
> a<-oneway.test(x$지출금액 ~   x$지역별1, data=x, var.equal=F)
data:  x$지출금액 and x$지역별1
F=2.8487, numdf=6.000, denomdf=44.721, p-value=0.01953
```

거주지	응답자수	지출평균	비율(%)
지방자치단체	107	50,073	28.3
경남(지방자치단체 제외)	161	79,811	42.6
대구/경북	20	63,755	5.3
부산/울산	32	85,404	8.5
광주/전남/전북	36	39,129	9.5
서울/경기/인천/강원	16	129,994	4.2
대전/충남	6	80,064	1.6

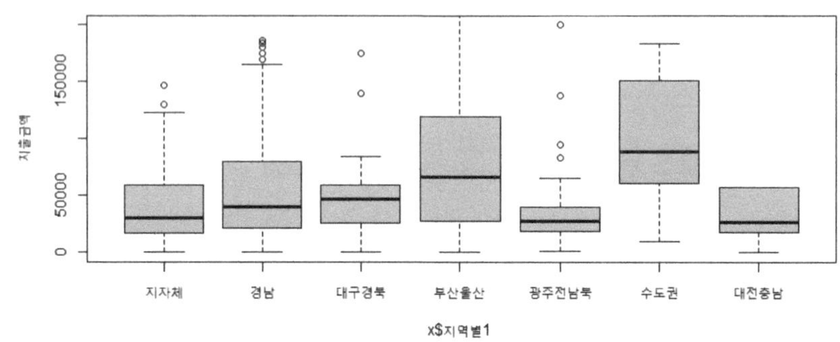

(4) 방문객 지역별 재방문의지 비교 분석

축제방문객의 지역별로 재방문의지의 차이에 대한 one way_anova 분석 결과 지역별로 재방문의지는 통계적으로 유의한 차이가 없었다.

```
> ano3 <-aov(x$재방문의지 ~    x$지역별1, data=x)
Response:  x$재방문의지
            Df  Sum Sq   Mean Sq    F value    Pr(>F)
x$지역별1    6     10.79    1.7977     1.0296    0.4056
```

거주지	응답자수	지출평균	비율(%)
지방자치단체	107	5.49	28.3
경남(지방자치단체 제외)	161	5.57	42.6
대구/경북	20	5.90	5.3
부산/울산	32	5.59	8.5
광주/전남/전북	36	5.56	9.5
서울/경기/인천/강원	16	5.38	4.2
대전/충남	6	6.67	1.6

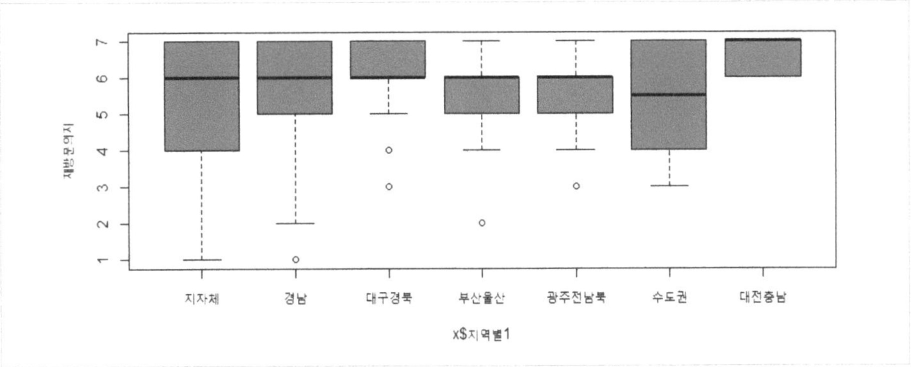

5) 방문객 지역과 직업 및 연령에 따른 소비지출 분석

(1) R-code

```
##이원배치분산분석
getwd()
setwd("C:/Rdatb")
two_ano<- read.csv("sanch_data.csv")
str(two_ano)
mydata <- two_ano
x<-mydata
## 숫자-문자로 변환

# 1. 지출금액
x$직업1 <- factor(x$직업, levels=c(1,2,3,4,5,6,7), labels=c("농수산업","상업","회사원","학생", "공무원","전업주부", "기타"))
x$연령1 <- factor(x$연령, levels=c(1,2,3,4,5,6,7), labels=c("10대","20대","30대","40대", "50대","60대", "70대이상"))
x$지역별1 <- factor(x$지역별, levels=c(1,2,3,4,5,6,7), labels=c("지자체","경남","대구경북","부산울산", "광주전남북","서울경기", "대전충남"))

# 상호작용효과 분석방법
tw.ano1 <-aov(지출금액~지역별1 * 연령1, data=x)
anova(tw.ano1)
tw.ano2 <-aov(지출금액~지역별1 * 직업1, data=x)
anova(tw.ano2)
tw.ano3 <-aov(지출금액~직업1 * 연령1, data=x)
anova(tw.ano3)

# 주효과분석
tw.ano1 <-aov(지출금액~지역별1 + 연령1, data=x)
```

```
anova(tw.ano1)
tw.ano2 <-aov(지출금액~지역별1 + 직업1, data=x)
anova(tw.ano2)
tw.ano2 <-aov(지출금액~연령1 + 직업1, data=x)
anova(tw.ano2)

# 이원배치분산분석 시각화 2
install.packages("gplots")
library(gplots)

interaction.plot(x$지역별1,x$연령1,x$지출금액,col=1:length(levels(x$지역별1)),
trace.label="연령1", xlab="지역별1", ylab="지출금액", ylim=range(c(5000,300000)),
type="b", fun=function(x)mean(x,rm=TURE), main="지역과 연령에 따른 소비지출")

interaction.plot(x$지역별1,x$직업1,  x$지출금액,  col=1:length(levels(x$지역별1)),
trace.label="직업1", xlab="지역별1", ylab="지출금액", ylim=range(c(5000,300000)),
type="b", fun=function(x)mean(x,rm=TURE), main="지역과 직업에 따른 소비지출")

interaction.plot(x$직업1,x$연령1,   x$지출금액,   col=1:length(levels(x$지역별1)),
trace.label="연령1", xlab="직업1", ylab="지출금액", ylim=range(c(5000,300000)),
type="b", fun=function(x)mean(x,rm=TURE), main="직업과 연령에 따른 소비지출")
```

(2) 방문객 지역과 연령에 따른 소비지출 분석

축제방문객의 지역과 연령에 따른 지출금액에 차이가 있는지 알아보기 위한 two way_anova 분석 결과는 다음과 같다.

지방자치단체 지역주민의 경우 70대 이상의 인당 평균지출금액이 높았으며, 경남은 40대, 대구/경북은 50대, 부산/울산은 60대, 광주/전남북은 60대, 서울/경기/인천은 50대, 대전/충남은 60대의 지출금액이 가장 높았다. 특이사항은 서울/경기/인천지역의 경우 50대의 소비지출평균이 현격하게 높았으며, 대체적으로 40대 이상의 소비지출금액 평균이 높은 추세를 보였다.

```
> tw.ano1 <-aov(지출금액~지역별1   * 연령1, data=x)
Response:  지출금액
                 Df     Sum Sq      Mean Sq   F value    Pr(>F)
지역별1           6    1.5866e+11   2.6444e+10   1.6049    0.1449
연령1             6    1.3594e+11   2.2656e+10   1.3750    0.2239
지역별1:연령1    31    2.8005e+11   9.0337e+09   0.5483    0.9776
```

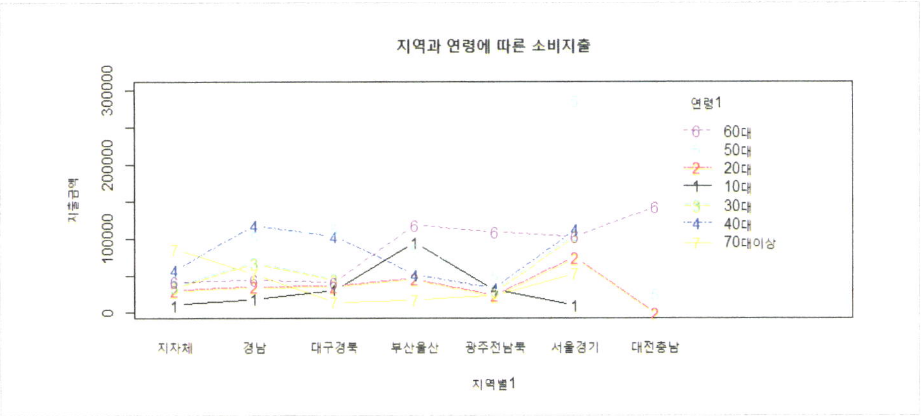

(3) 방문객 지역과 직업에 따른 소비지출 분석

축제방문객의 지역과 직업에 따른 소비지출에 차이가 있는지 알아보기 위한 two way_anova 분석 결과는 다음과 같다.

지방자치단체 지역주민과 서울/경기/인천 지역 방문객의 경우 전업주부의 평균 지출금액이 높았으며, 경남, 대구/경북, 광주/전남북, 대전/충남 지역은 상업종사자, 부산/울산은 공무원의 인당 지출금액이 가장 높았다.

대체적으로 상업종사자의 평균지출금액이 높았으나, 서울/경기/인천 지역의 경우는 전업주부의 소비지출평균이 타 지역보다 현격하게 높게 나타났다.

```
> tw.ano2 <-aov(지출금액~지역별1  * 직업1, data=x)
Response:  지출금액
                  Df      Sum Sq      Mean Sq    F value     Pr(>F)
지역별1            6    1.5866e+11   2.6444e+10    1.6244    0.13949
직업1              6    1.9754e+11   3.2923e+10    2.0224    0.06216
지역별1:직업1     28    2.3563e+11   8.4155e+09    0.5169    0.98131
```

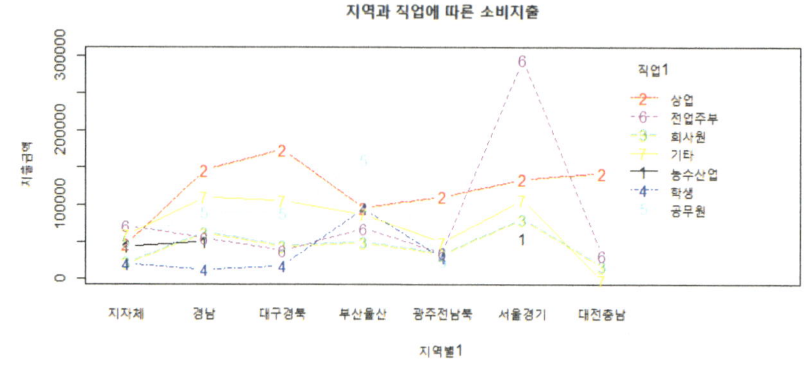

(4) 방문객 직업과 연령에 따른 소비지출 분석

축제방문객의 직업과 연령에 따른 지출금액에 차이가 있는지 알아보기 위한 two way_anova 분석 결과는 다음과 같다.

농수산업종사자의 경우 60대의 소비지출이 높게 나타났으며, 상업종사자와 전업주부, 기타직업의 경우는 40대와 50대, 공무원은 60대의 소비지출금액이 높았다.

대체적으로 모든 직업군에서 연령이 높을수록 인당 평균소비지출금액도 높은 것으로 나타나, 건강에 대해 관심을 갖는 연령대가 직업이나 지역에 관계없이 높은 소비지출 경향을 보였다.

```
> tw.ano3 <-aov(지출금액~직업1 *  연령1, data=x)
Response:  지출금액
              Df     Sum Sq      Mean Sq     F value     Pr(>F)
직업1          6    2.2609e+11   3.7682e+10    2.2904    0.03509 *
연령1          6    1 .0148e+11  1.6913e+10    1.0280    0.40677
직업1:연령1    26    1.7297e+11   6.6527e+09    0.4044    0.99640
```

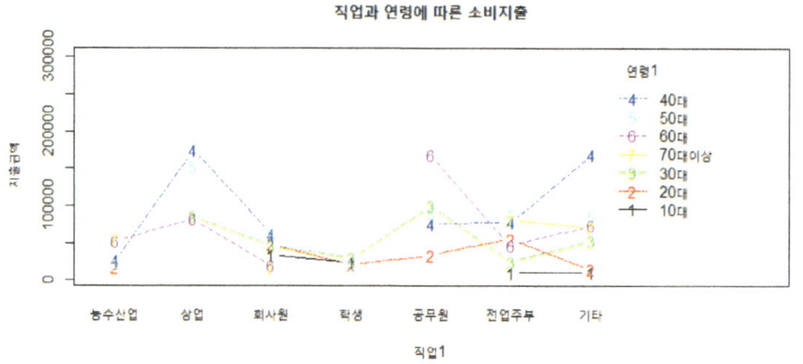

제11장

SNS 데이터를 활용한 정보분석

- 11.1 SNS 데이터 개요
- 11.2 SNS 데이터 분석: 빅데이터 워드토픽 분석
- 11.3 인문사회과학 텍스트데이터 분석
- 11.4 지역관광축제 텍스트데이터 분석

11.1
SNS 데이터 개요

1) 텍스트마이닝 정의

데이터마이닝이 보통 수량적으로 구조화된 데이터에서 지식을 발견하기 위해 통계적, 기계학습적 알고리즘을 적용하는 기법이라면, 텍스트마이닝은 비구조화된 텍스트 문서에서 정보를 찾아내려는 분석기법이다. 텍스트마이닝은 KDT(Knowledge Discovery in Textual Database), 도큐먼트 마이닝(Document Mining)이라고도 한다.

텍스트마이닝은 정보추출, 정보검색, 자연어처리, 문서요약 등의 기법들을 분석한다. 텍스트마이닝의 적용의 핵심은 대량의 텍스트로부터 새로운 지식을 찾아내어 발견하는 것이다. 일반적으로 텍스트마이닝은 대용량의 데이터에서 사용자가 관심을 가지는 정보를 찾아내는 프로세스를 의미한다.

2) 텍스트마이닝 종류

첫째, 정보추출(Information Extraction)은 일반적인 텍스트 문서로부터 사용자가 원하는 정보를 추출하는 작업이다. 원하는 정보는 문장의 형식이나 사용자가 이전에 미리 정의한 질의 포맷에 맞추어서 추출될 수 있다.

둘째, 문서분류(Text Classification)와 문서 클러스터링(Text Clustering)은 문서들을 문서의 내용에 따라 구조화하는 전통적인 텍스트마이닝 기법이다. 문서분류는 주어진 키워드에 따라 문서를 분류하는 기법으로서 주어진 키워드 집합에 따라 이 문서가 해당 카테고리로 분류될지 안 될지를 결정하게 된다. 문서 클러스터링은 문서들을 분석하여 동일한 내용의 문서들을 묶는 기법이라고 할 수 있다. 문서분류/클러스터링은 문서를 관련된 내용별로 자동으로 구조화함으로써 사용자가 많은 양의 문서들을 좀 더 편리하게 접근할 수 있게 해준다.

셋째, 토픽 트래킹(Topic Tracking)은 사용자 프로필을 기반으로 사용자가 관심 있어 하는 문서가 어떤 문서일지를 예측하는 시스템이다. 사용자의 프로필은 사용자가 직접 키워드 단어 또는 카테고리를 지정하거나 사용자가 지금까지 읽어온 문서의 내역에 기반을 두어서 만들 수 있다.

넷째, 질의응답 시스템(Question Answering)은 사용자가 자연 언어로 질문을 던지면 시스템이 질문에 대한 대답을 제공해주는 시스템이다. 자연 언어 처리 분야의 오래된 연구 주제 중 하나인 질의응답 시스템도 텍스트마이닝의 활용 분야라고 할 수 있다.

다섯째, 문서요약(Summarization)은 좀 더 나아가 문서에서 다룬 중요 내용을 글로 요약하려는 시도이다. 문서요약은 1950년대 후반 인공지능 연구가 시작될 때부터 지금까지 끊임없이 연구되어 왔지만 아직까지 인간 수준의 문서요약에는 못 미치는 수준이다.

11.2 SNS 데이터 분석: 빅데이터 워드토픽 분석

1) 패키지 불러오기

```
install.packages("KoNLP")
install.packages("RColorBrewer")
install.packages("wordcloud")
library(KoNLP)
library(RColorBrewer)
library(wordcloud)
```

① 각종 패키지를 불러오는 작업을 진행한다. "KoNLP"라는 패키지는 한글 데이터를 불러오기 위한 패키지이고, "RColorBrewer"는 다양한 색상을 제공하는 패키지, "wordcloud" 패키지는 워드 클라우드를 사용할 때 쓰이는 패키지

이다.

② install.packages()를 통하여 패키지를 설치하고, library() 함수를 사용하여 불러들이는 작업을 진행한다.

2) 데이터 불러오기

(1) R-code 이해

```
getwd()
setwd("C:/Rdata")
```

```
getwd()

useSejongDic()
1
x <- read.csv("in4big.csv", header=T)
head(x)

# 데이터는 열로 되어 있어서 행으로 변환
xx <- t(x)
myword <-sapply(xx, extractNoun, USE.NAMES=F)
head(myword)

# 리스트 형태의 데이터를 매트릭스 형태나 일반 데이터로 바꿔주는 함수
unmyword <- unlist(myword)
unmyword
# 음절이 둘 이상인 것 추출
unmyword2 <- Filter(
  function(x)
  {nchar(x)>=2},unmyword)

# 명사추출 및 워드토픽
nouns <-extractNoun(unmyword2)
wordFreq <-table(unmyword2)
head(unmyword2)

head(sort(wordFreq, decreasing = T), 80)
y <-extractNoun(unmyword2)
```

```
y <- table(unmyword2)
head(y)
wordcloud(names(y), freq=y, scale=c(5,1), rot.per=0.25, min.freq=3,
        random.order=F, random.color=T, colors = brewer.pal(9,"Set1"))
```

① useSejongDic() 함수는 세종사전을 참고하기 위해 쓰는 함수이다.

② t(x)는 데이터를 전치시키는 것을 의미한다. 분석에 이용되는 데이터는 전치를 시켜야 분석이 가능하다.

③ head(data)는 데이터의 윗부분을 보여주는 함수이다.

④ "head(sort(wordFreq, decreasing = T), 80)" 명령어는 단어 빈도수가 높은 것부터 내림차순으로 80개를 추출한다. 다음 분석 결과는 80개 단어 중 일부만을 추출하여 제시한다.

⑤ 워드 클라우드 함수 wordcloud()를 이용하여 "rot.per"로 단어 사이의 간격을 설정해 주고, "min.freq"로 단어 빈도수가 3회 이상인 것들만 추출한다. "random.order=T"는 워드 클라우드의 색을 랜덤하게 사용한다는 것을 의미하고, "colors=brewer.pal(9,"Set1")" 주어진 색상 9가지를 이용한다는 의미이다.

(2) 결과 해석

```
> head(sort(wordFreq, decreasing = T), 80)
x 산업혁명 빅데이터 데이터 산업 기업 활용 기술 통계 관련
     72      57     53   53   41   35   34   30   27
   정책    시장   정부   지역  기반 솔루션 사업 펀드 하기
     24      23     22   22   21   21   20   20   20
   분야  인공지능  시대  활성화 분석  지원 추진 투자 데이타
     19      19     18   18   17   17   17   17   16
   들이    성장   국내 블록체인 정보 계획 국토 제공 혁신
     16      16     15   15   15   14   14   14   14
   관심    구축  서비스 빅데이터를 스마트 필요 AI 가치 교수
     13      13     13   12   12   12   11   11   11
   방안    변화   부문   사회  예측  전략 개발 관리 여성
     11      11     11   11   11   11   10   10   10
   연계    특별    30   강조  공공  공유 과학 국가 도시
     10      10      9    9    9    9    9    9    9
```

매출	발전	시티	역할	자율	전무	주행	환자	거래
9	9	9	9	9	9	9	9	8

3) 빅데이터 시각화

(1) 시각화 1

```
wordcloud(names(y), freq=y, scale=c(13,1), rot.per=0.25, min.freq=2,
          random.order=F,  random.color=T, colors = brewer.pal(5,"Dark2"))
#그림 1
a <- head(sort(y, decreasing=T), 20)
pie(a, col=rainbow(30), radius=1)
```

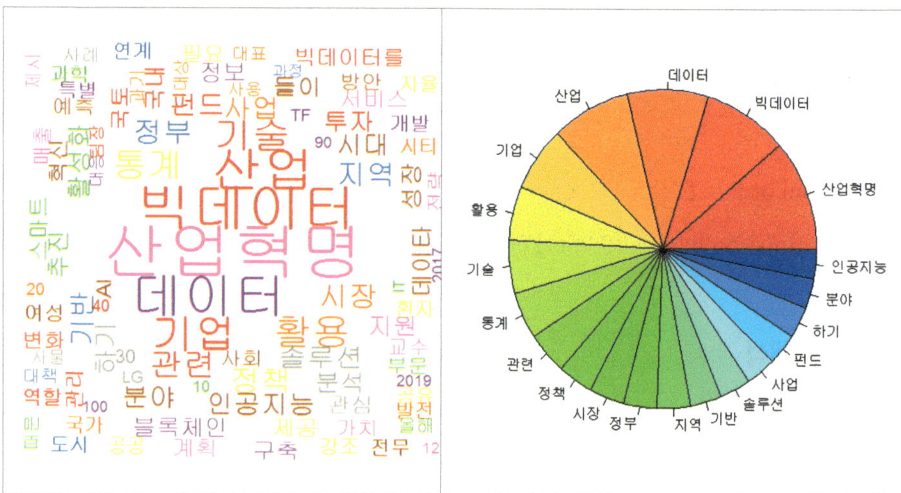

(2) 시각화 2

```
#그림 2
pct <- round(a/sum(a)*100,1)
names(a)
lab <-paste(names(a), "\n", pct, "%")
pie(a, mail="4차산업과 빅데이터", col=rainbow(25), radius=0.9, cex=0.95,
labels=lab)
```

```
#그림 3
par(new=T)
pie(a, radius=0.7, col="white", labels=NA, border=NA)
```

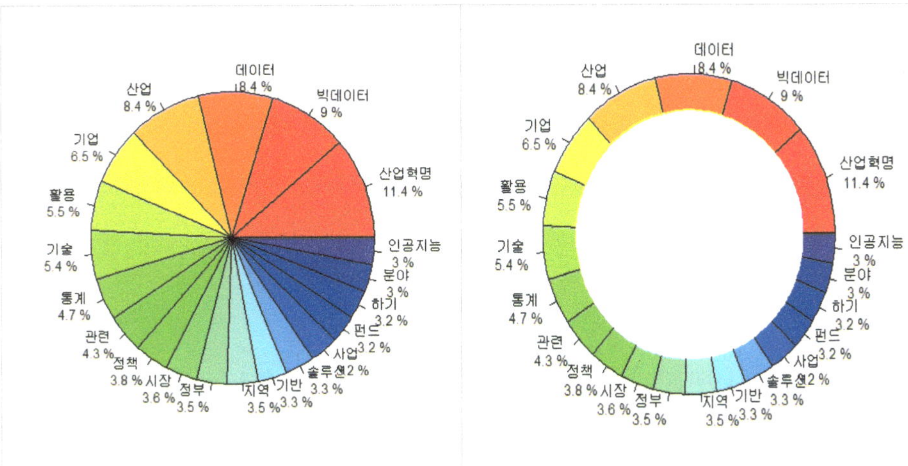

11.3
인문사회과학 텍스트데이터 분석

1) R-code

```
### 인문사회과학
install.packages("KoNLP")
install.packages("RColorBrewer")
install.packages("wordcloud2")
install.packages("rJava")
library(KoNLP)
library(RColorBrewer)
library(wordcloud2)
library(rJava)
```

```
"https://github.com/haven-jeon/NIADic"
1
useNIADic()
##데이터불러오기
setwd("C:/Rdata")
getwd()
x=readLines('커뮤니티케어.txt', encoding='UTF-8')
head(x, 3)

word <- unlist(x)
word
```

```
#불필요한 단어 제거하기
word <- gsub("t", "", word)
word <- gsub("[A-Za-z]",'', word)  #영문 제거
word <- gsub('[[:punct:]]','', word)  #특수문자( ! " # $ % & ’ ( ) * + , - . / :
; < = > ? @ [  ] ^ _ ` { | }) 제거
word <- gsub('[0-9]', '', word)  #숫자 제거
word <- gsub('[ㄱ-ㅎ]', '', word)  # ㅎㅎ, ㅋㅋ 등 제거
word <- gsub('(ㅜ|ㅠ)+', '', word)  #ㅠㅠ 등 제거
word <- gsub("△", "", word)
word <- gsub("했", "", word)
head(word)

#명사추출
```

```
word <- Map(extractNoun, word)
word <- unique(word) # 중복제거1(전체 대상)

word <- sapply(word, unique) # 중복제거2(줄 단위 대상)
word[1:5] # 추출 단어 확인

## 전처리
# 추출된 단어를 전처리
# is.hangul() : KoNLP 패키지 제공
# Filter(f, x) : base
# nchar() : base -> 문자 수 반환
# 1) 길이가 2~4 사이의 단어 필터링 함수 정의
```

```
#불필요한 단어 제거하기
word <- gsub("t", "", word)
word <- gsub("[A-Za-z]",'', word)  #영문 제거
```

```
word <- gsub('[[:punct:]]','', word)  #특수문자( ! " # $ % & ' ( ) * + , - . / :
; < = > ? @ [  ] ^ _ ` { | }) 제거
word <- gsub('[0-9]', '', word)  #숫자 제거
word <- gsub('[ㄱ-ㅎ]', '', word)  # ㅎㅎ, ㅋㅋ 등 제거
word <- gsub('(ㅜ|ㅠ)+', '', word)  #ㅠㅠ 등 제거
word <- gsub("△", "", word)
word <- gsub("했", "", word)
head(word)

#명사추출
word <- Map(extractNoun, word)
word <- unique(word) # 중복제거1(전체 대상)

word <- sapply(word, unique) # 중복제거2(줄 단위 대상)
word[1:5] # 추출 단어 확인

## 전처리
# 추출된 단어를 전처리
# is.hangul() : KoNLP 패키지 제공
# Filter(f, x) : base
# nchar() : base -> 문자 수 반환
# 1) 길이가 2~4 사이의 단어 필터링 함수 정의


filter1 <- function(x){
  nchar(x) <= 4 && nchar(x) >= 2 && is.hangul(x)
}


# 2) Filter(f,x) -> filter1() 함수를 적용하여 x 벡터 단위 필터링
filter2 <- function(x){
  Filter(filter1, x)
}
# 3) 줄 단어 대상 필터링
lword <- sapply(word, filter2)
lword # 추출 단어 확인(길이 1개 단어 삭제됨)

#의미 연결망도 시각화
install.packages("arules")
library(arules)
wordtran <- as(lword, "transactions") # lword에 중복데이터가 있으면 error 발생
wordtran

# 트랜잭션 내용 보기 -> 각 트랜잭션의 단어 보기
```

```
inspect(wordtran)

# 동일한 단어끼리 교차테이블 작성
wordtable <- crossTable(wordtran) # 교차표 작성
wordtable
```

```
###단어 간 연관규칙 산출
# 트랜잭션 데이터를 대상으로 지지도와 신뢰도를 적용하여 연관규칙 생성
#형식) apriori(data, parameter = NULL, appearance = NULL, control = NULL)
tranrules <- apriori(wordtran, parameter=list(supp=0.05, conf=0.01))
inspect(tranrules) # 연관규칙 생성 결과 보기

x=tranrules[c(42:75)]

# (1) 데이터 구조 변경 : 연관규칙 결과 -> 행렬구조 변경(matrix 또는 data.frame)
rules <- labels(tranrules, ruleSep=" ")

# 문자열로 묶인 연관단어를 행렬구조 변경
ruleg<- sapply(rules, strsplit, " ",  USE.NAMES=F)

# 행 단위로 묶어서 matrix로 반환
rulemat <- do.call("rbind", ruleg)

# (2) 연관어 시각화를 위한 igraph 패키지 설치
install.packages("igraph") # graph.edgelist(), plot.igraph(), closeness() 함수
제공
library(igraph)

# (3) edgelist보기 - 연관단어를 정점 형태의 목록 제공
ruleg <- graph.edgelist(rulemat[c(42:75),], directed=F) # 연관단어만 출력
```

```
# (4) edgelist 시각화
plot.igraph(ruleg, vertex.label=V(ruleg)$name,
            vertex.label.cex=0.9, vertex.label.color='black',
            vertex.size=15, vertex.color='yellow', vertex.frame.color='blue')

# 정점(타원) 레이블 속성
# vertex.label=레이블명, vertex.label.cex=레이블 크기, vertex.label.color=레이블색
# 정점(타원) 속성
# vertext.size= 정점 크기, vertex.color=정점 색, vertex.frame.color=정점 테두리 색

#단어 근접중심성(closeness centrality) 파악
```

```
closen = closeness(ruleg)                # edgelist 대상 단어 근접중심성 생성
#closen = closen[c(2:8)]                 # {} 항목제거
closen = closen[c(2:10)]                 # 상위 1~10 단어 근접중심성 보기
View(closen)
plot(closen, col="red",xaxt="n", lty="solid", type="b", xlab="단어",
ylab="closeness")
points(closen, pch=16, col="navy")
axis(1, seq(1, length(closen)), V(ruleg)$name[c(2:10)], cex=5)
# 중심성 : 노드(node)의 상대적 중요성을 나타내는 척도
# plot, points(), axis() : graphics 패키지(기존 설치됨)


####의미연결망분석 3
install.packages("qgraph")
install.packages("tm")
install.packages("stringr")
library(rvest)
library(httr)
library(KoNLP)
library(stringr)
library(tm)
library(qgraph)
library(xml2)

# 단일 Core 만 활용하도록 변경 (옵션)
options(mc.cores=1)
cps <- Corpus(VectorSource(lword))
tdm <- TermDocumentMatrix(cps, control=list(tokenize=lword,
## token 분류 시 활용할 함수명 지정


removePunctuation=T, removeNumbers=T, wordLengths=c(2,7), weighting=weightBin))

#최종결과 확인
dim(tdm)
tdm.matrix <- as.matrix(tdm)
Encoding(rownames(tdm.matrix)) <- "ANSI"
rownames(tdm.matrix)[1:100]


#자주 쓰이는 단어 순으로 order 처리
word.count <- rowSums(tdm.matrix)  ##각 단어별 합계를 구함
word.order <- order(word.count, decreasing=T)  #다음으로 단어들을 쓰인 횟수에 따라 내림
차순으로 정렬
```

```
freq.words <- tdm.matrix[word.order[1:20], ] #Term Document Matrix에서 자주 쓰인 단어 상위 20개에 해당하는 것만 추출

co.matrix <- freq.words %*% t(freq.words)  #행렬의 곱셈을 이용해 Term Document Matrix를 Co-occurence Matrix로 변경
co.matrix

#의미 연결 상관성 시각화
qgraph(co.matrix,labels=rownames(co.matrix),   ##label 추가
diag=F,    ## 자신의 관계는 제거함
layout='spring',  ##노드들의 위치를 spring으로 연결된 것 처럼 관련이 강하면 같이 붙어 있고 없으면 멀리 떨어지도록 표시됨
edge.color='blue',
vsize=log(diag(co.matrix))*2) ##diag는 matrix에서 대각선만 뽑는 것임. 즉 그 단어가 얼마나 나왔는지를 알 수 있음. vsize는 그 크기를 결정하는데 여기 인자값으로 단어가 나온 숫자를 넘겨주는 것임. log를  취한 것은 단어 크기의 차이가 너무 커서 log를 통해서 그 차이를 줄임.

# 의미연결망 시각화
install.packages("arules")
install.packages("arulesViz")
library(arules)
library(arulesViz)
```

```
# 중심단어 연결 시각화
plot(ruleg)

#시각화2(사회 연결망도)
plot(x, method = "graph", control = list(type = "items"),main="사회 연결망도")

#시각화3(사회 연결망도2)
plot(x, method="graph", engine="htmlwidget")

#시각화4
plot(x, method="graph", engine='interactive')

#시각화5(사회 연결망도3)
plot(x, method="graph", engine="htmlwidget", igraphLayout="layout_in_circle")

#시각화6(중심단어간 연관관계)
plot(x, method="paracoord")
plot(x, method="paracoord", control=list(reorder=TRUE))
```

2) 상담내용 키워드 분석

상담 대상자 자료를 수집해 텍스트마이닝 분석을 실시하였다. 상담의견의 주요 키워드에 대한 텍스트마이닝 분석 결과는 다음과 같다.

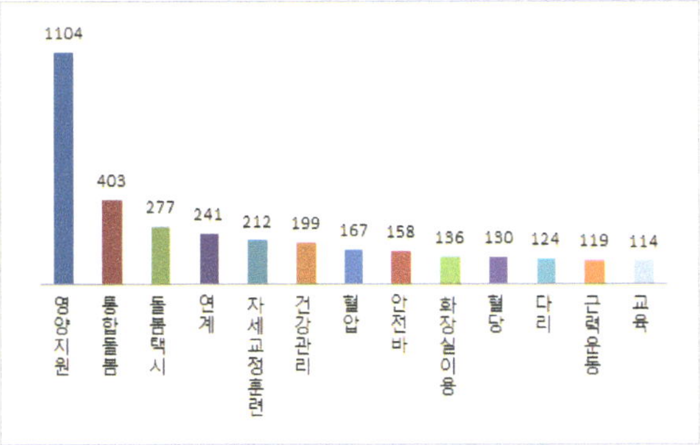

keyword	영양지원	통합돌봄	돌봄택시	연계	자세교정훈련	건강관리	혈압	안전바	화장실이용	혈당	다리	근력운동	교육
빈도	1104	403	277	241	212	199	167	158	136	130	124	119	114

상담내용에 나타난 주요 키워드의 빈도는 영양관리, 영양음식, 반찬서비스 등을 포함한 영양지원(1104), 통합돌봄(403), 돌봄택시(277), 연계(241), 자세교정훈련(212), 건강관리(199) 순으로 나타났다. 대상자들의 상담내용은 음식이나 밑반찬 등 식사어려움에 대한 욕구빈도가 가장 높게 나타나 영양관리서비스의 필요성이 검증되었다.

3) 상담내용 워드 클라우드 분석

(1) https://www.bigkinds.or.kr/를 이용한 뉴스 검색 분석

빅카인즈 홈페이지에서 기본 검색어 입력: 키워드는 "통합돌봄"이다.

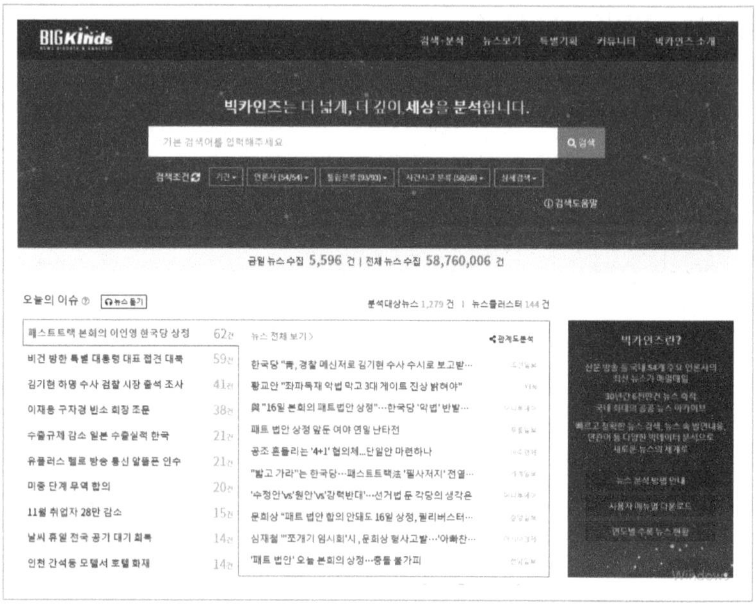

(2) 뉴스 기간 및 건수 확인: 2019년 9월 15일부터 2019년 12월 15일까지 785건이다.

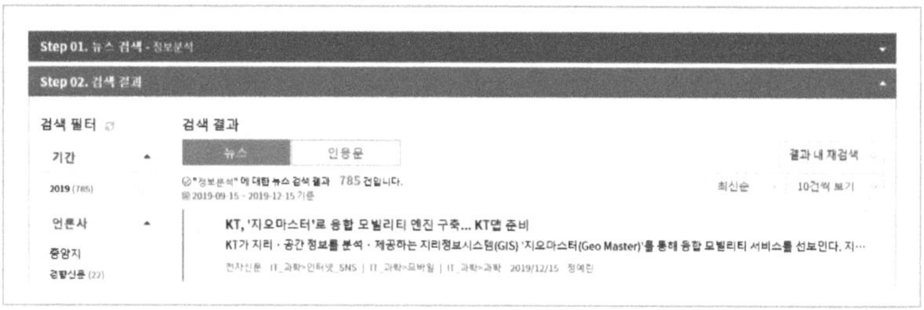

(3) 데이터 다운로드

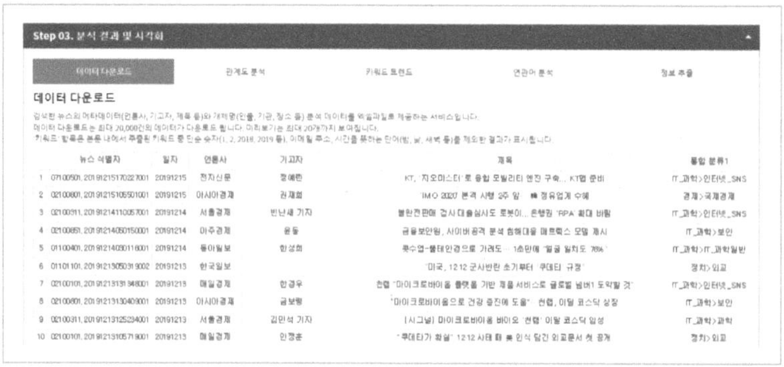

(4) http://www.tagxedo.com/에서 시각화 분석 프로그램 설치

① https://www.microsoft.com/silverlight/에서 silverlight를 설치한다.

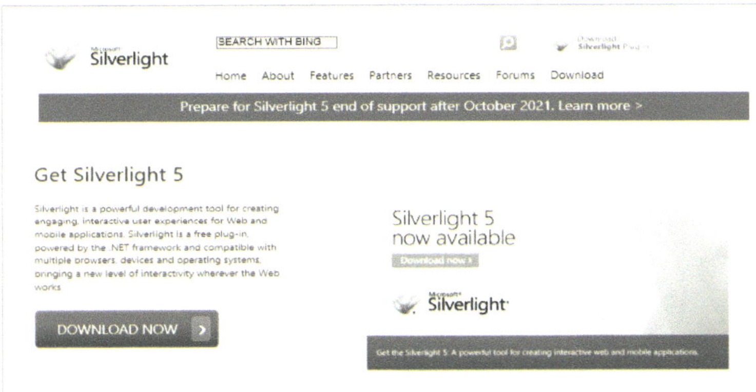

② http://www.tagxedo.com/ 설치 후 데이터를 입력한다.

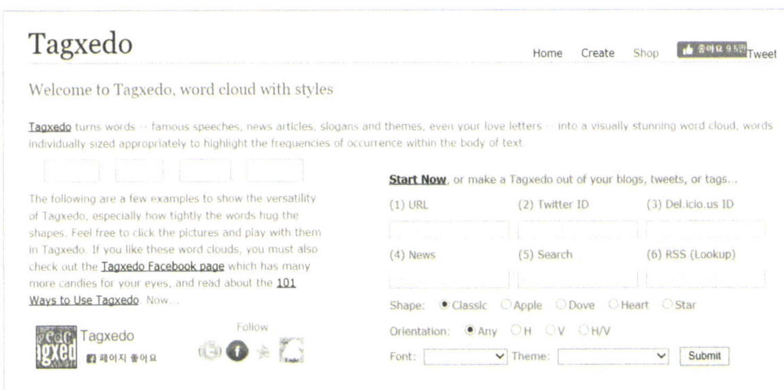

상담내용의 주요 키워드들에 대한 워드 클라우드 분석 결과는 다음과 같다. 영양지원, 돌봄택시, 영양중재, 건강관리 등이 대상자들의 주요 서비스에 대한 욕구이며, 화장실, 낙상예방훈련, 안전바 설치 등 주거생활편의 및 안전에 대한 문제도 제기된다.

4) 상담내용 연관단어분석

상담의견과 관련된 소셜네트워크 분석 결과는 다음 그림과 같다. 상담의견들의 주요 키워드 간 네트워크분석 결과 영양과 음식의 맞춤형서비스에 대한 지지도가 높았으며, 주택 개보수 사업에 대한 향상도가 높은 것으로 나타났다. 낙상예방, 안부확인, 방문도우미플러스, 한의주치의, 건강기능회복지원 등의 서비스에 대한 대상자의 관심이 높았다. 요양과 시간은 밀접한 연관이 있는 것으로 나타나 대상자들은 돌봄의 시간에 대한 관심이 높은 것으로 보인다.

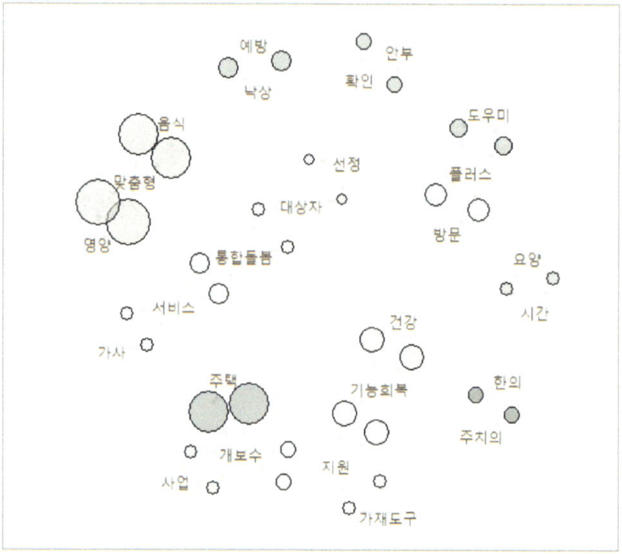

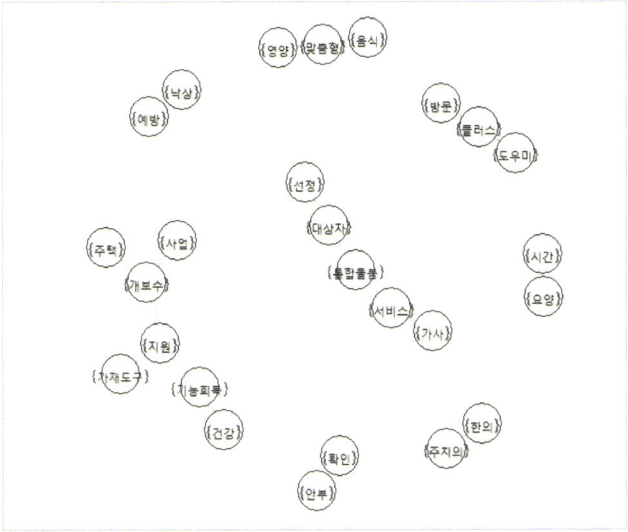

5) 상담내용 키워드 근접중심성

도출된 상위 9개 키워드 간의 연관성을 나타내는 근접중심성 분석 결과는 다음과 같다. 주요 키워드들의 근접중심성 분석 결과 가재도구와 지원, 안부와 확인, 가사와 서비스, 주치의와 한의 등의 키워드가 매우 밀접한 관계가 있는 것으로 나타나 대상자들의 상담의견이 주로 안부확인, 가재도구지원, 가사서비스, 한의주치의서비스에 집중되고 있는 것으로 추정된다.

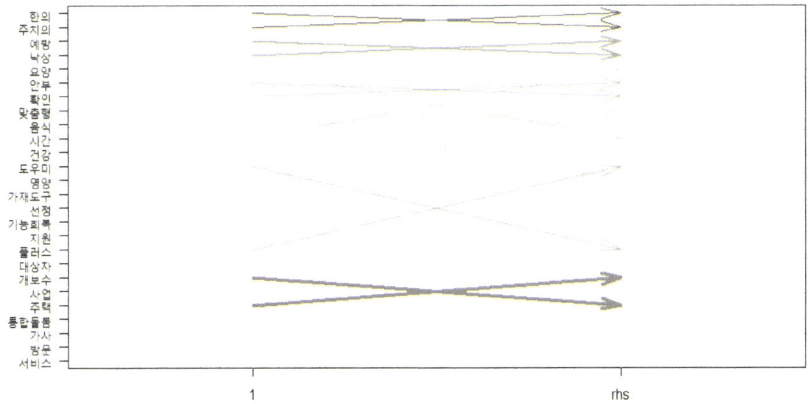

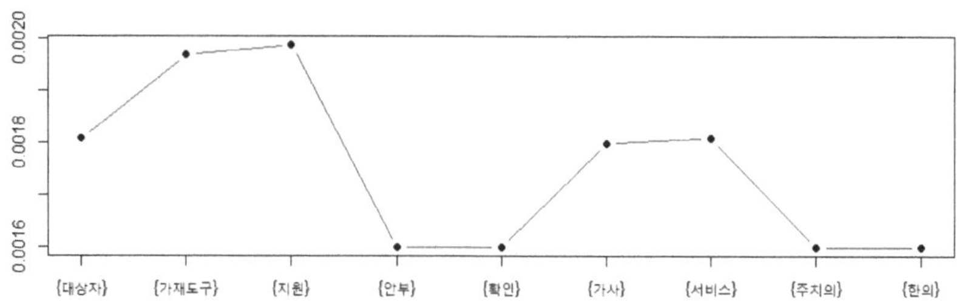

6) 상담내용 키워드 매개중심성

대상자 상담의견에 대한 매개중심성을 나타내는 연관분석 결과는 다음과 같다. 키워드들의 매개중심성 분석 결과 '중재'는 운동과 음식, '관리'는 건강을 매개로 방문서비스, '지원'은 사업, 건강, 방문으로, '필요'는 생활, 서비스, 안전바설치, 병원치료 등에 매개 역할을 하는 것으로 나타났다.

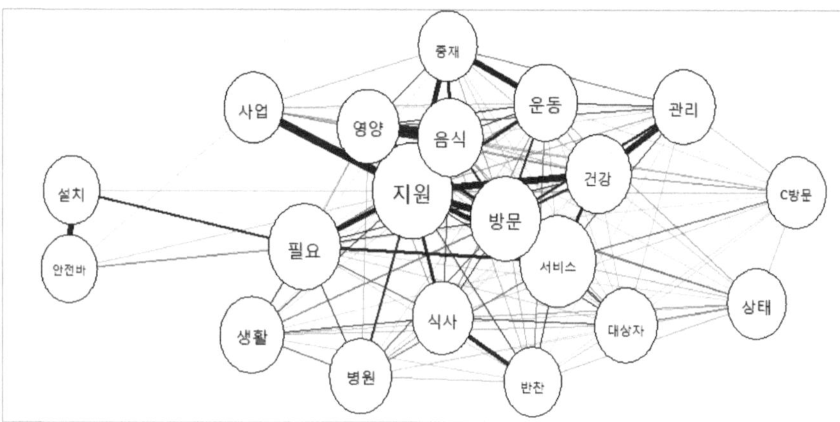

11.4

지역관광축제 텍스트데이터 분석

1) 지역축제 인지도 분석

(1) 데이터 불러오기

① https://www.bigkinds.or.kr/를 이용한 뉴스 검색 분석

빅카인즈 홈페이지에서 기본 검색어 입력: 키워드는 "한방축제"이다.

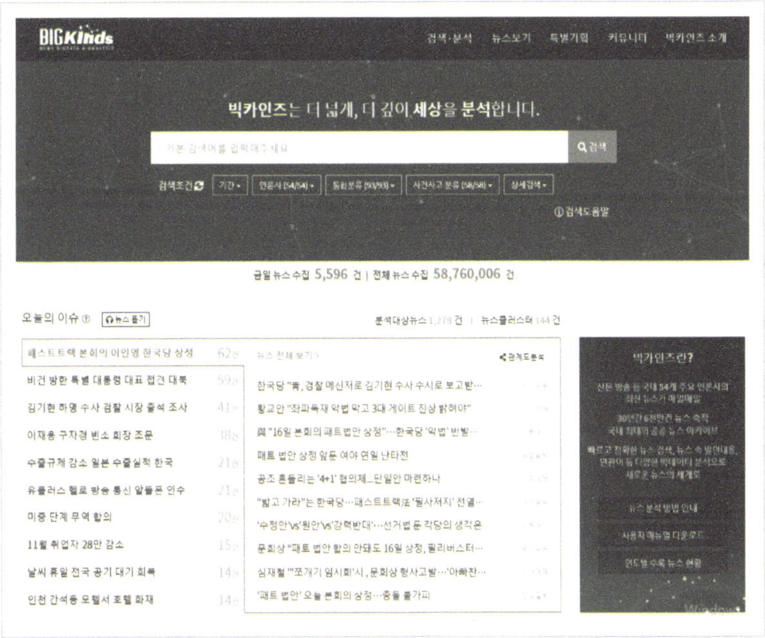

② 뉴스 기간 및 건수 확인: 2018년 10월부터 2019년 10월까지 약 20,000건이다.

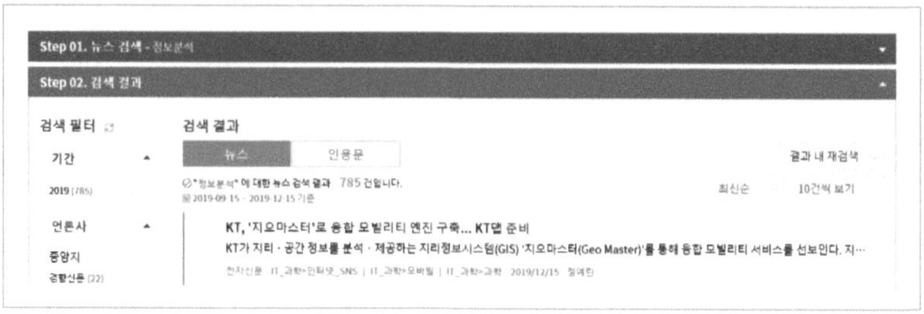

③ 데이터 다운로드

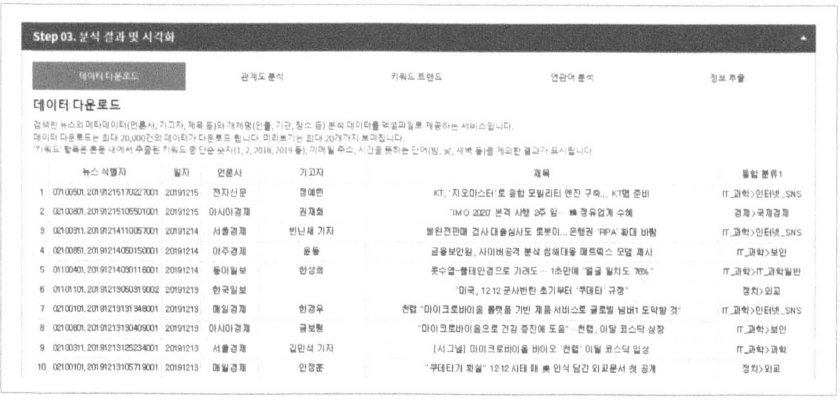

④ http://www.tagxedo.com/에서 시각화 분석 프로그램 설치

첫째, https://www.microsoft.com/silverlight/에서 silverlight를 설치한다.

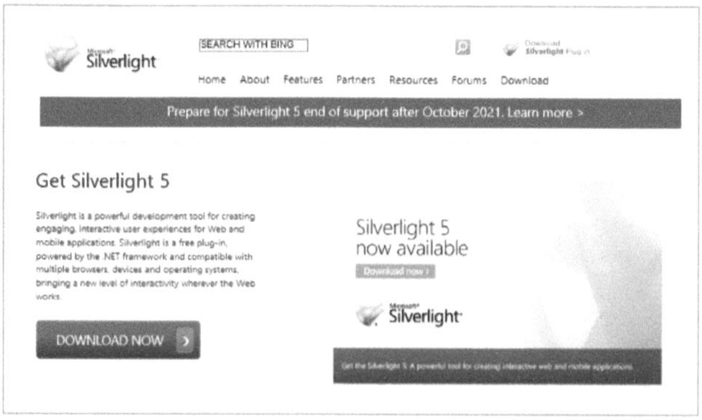

둘째, http://www.tagxedo.com/에서 설치 후 데이터를 입력한다.

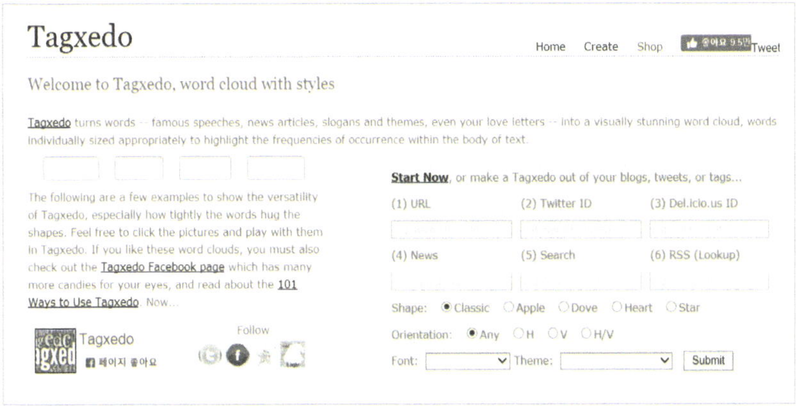

(2) 지역축제 뉴스 키워드 분석

대한민국 대표축제로 선정된 지역관광축제에 대한 국민들의 인지도를 알아보기 위하여 2018년 11월부터 2019년 10월까지 1년간 국내 주요 언론사에 공개된 20,000여 건의 기사에 대한 빅데이터 웹마이닝 분석 결과는 다음과 같다.

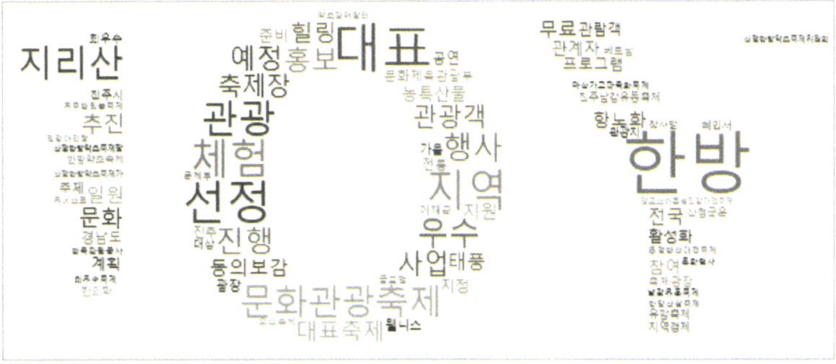

빈도수가 많은 100개의 키워드 추출결과, 지리적 명칭에 대한 대표적인 키워드는 지리산, 경남도, 지방자치단체, 진주시, 베트남 등으로 나타났다. 뉴스에 거론된 가장 중요한 키워드는 '한방'과 '대표'로 한방대표축제로서의 이미지와 대한민국 대표축제의 브랜드 위주로 언론에 노출되었다는 것을 알 수 있어서 비교적 지역관광축제로서의 정체성이 잘 부각되었다고 볼 수 있다. 축제내용과 관련한 키워드는 '동의보감', '힐링', '체험', '항노화', '관광', '웰니스', '혜민서' 등으로 나타났다.

(3) 지역축제 뉴스 트랜드 분석

지역관광축제에 대한 관심도 추이를 알아보기 위한 1년간 언론기사 트랜드 분석 결과는 다음과 같다.

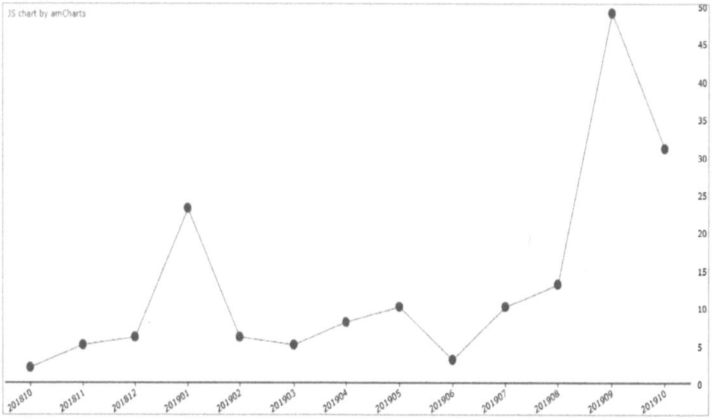

지역관광축제 뉴스 노출 트랜드를 살펴보면, 2019년 1월에 관심도가 급상승한 것으로 보아, 지역관광축제가 대한민국 대표축제로 선정되었기 때문인 것으로 추정된다. 2019년 6월에 최저점을 기록한 후 점차 상승하여 축제가 시작되는 2019년 9월에 언론의 관심이 최고점을 나타낸 것으로 보아, 이 기간 동안 축제 준비 TF팀의 홍보활동에 집중한 결과에 대한 성과로 볼 수 있다. 축제가 끝난 10월경부터 관심도가 감소하여 다시 축제가 시작되는 시점까지 관심저조기간이 길어지는 것은 국가 대표축제로서 위상에 걸맞지 않으므로 중간지점에 한방이나 약초, 건강관련 이벤트를 마련하는 것이 바람직한 것으로 사료된다.

(4) 지역축제 네트워크 분석

언론에 노출된 지역관광축제의 주요키워드에 대한 네트워크 분석 결과는 다음과 같다.

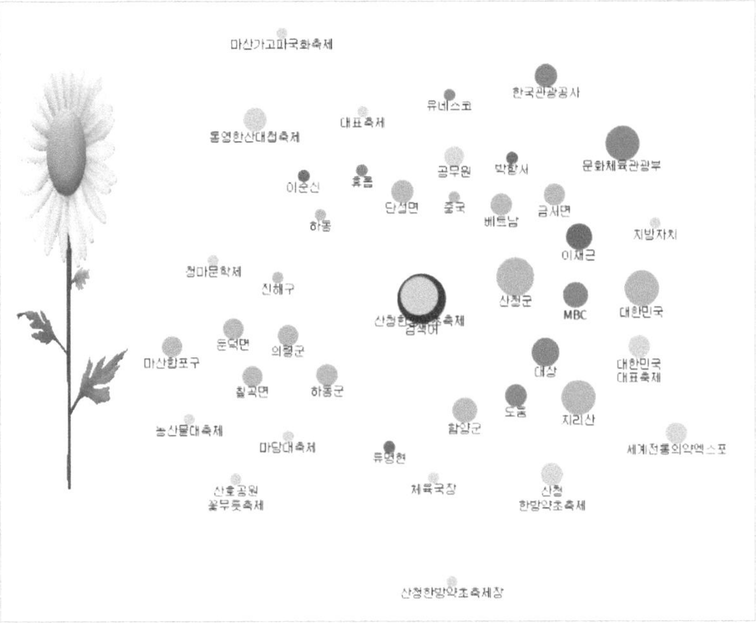

'지역관광축제'는 지리적으로 '대한민국', '지방자치단체', '지리산'과 밀접한 연관성을 가지며, 인근의 함양군, 하동군, 의령군, 마산시와도 연관이 있을 뿐만 아니라, 중국, 베트남 등의 외국과도 상호 관련이 있는 것으로 나타났다. '지역관광축제'와 '대한민국대표축제', '세계전통의약엑스포'의 관련성이 나타난 것으로 보아 지역관광축제의 방향과 비전이 관계망에 잘 드러나 국민들이 이를 인식하고 있는 것으로 보였다.

2) 지역축제 웹마이닝 분석

(1) R-code

```
### 관광데이터
install.packages("KoNLP")
install.packages("RColorBrewer")
install.packages("wordcloud2")
install.packages("rJava")
library(KoNLP)
library(RColorBrewer)
library(wordcloud2)
```

```
library(rJava)
"https://github.com/haven-jeon/NIADic"
1
useNIADic()
##데이터불러오기
setwd("C:/Rdata")
getwd()
x=readLines('tour.txt', encoding='UTF-8')
head(x, 3)

word <- unlist(x)
word
### 이하 코드는 11장 3과 동일함
```

(2) 방문객의 SNS 분석

지역관광축제를 다녀간 방문객이 작성한 개인 블로그(네이버, 다음 등) 글을 수집하여 텍스트마이닝 분석을 진행하였으며 그 결과는 다음과 같다.

축제에 대한 SNS 후기로 언급된 주요한 키워드는 '한방', '약초', '체험', '산청', '동의보감' 등으로 나타나며, '다양한', '좋은'이라는 키워드 빈도가 높은 것으로 보아 축제를 다녀간 방문객이 바라본 지역관광축제는 다양성 있는 프로그램으로 구성된 좋은 축제라는 이미지를 부각시키는 축제인 것으로 나타났다. 그밖에 판매, 행사장, 음식, 구입, 전시, 구경 등 블로그에 노출된 다중 빈도 키워드들은 살거리(판매, 구입), 먹거리(음식), 볼거리(전시, 구경) 등의 프로그램 다양성을

나타낸 것으로 해석된다. 축제에 동행하는 대상으로는 ‘아이들’, ‘아들’, ‘아빠’, ‘부모님’ 등의 빈도수가 많은 것은 주로 가족과 함께 찾은 방문객이 SNS를 통한 축제장 방문후기를 작성한 것으로 추정된다.

(3) 최근 2년간 방문객의 SNS 분석

방문객이 작성한 개인 블로그(네이버, 다음 등), 2019년 방문객이 작성한 개인 블로그를 분석하는 등, 최근 2년간의 온라인에 노출된 방문객의 반응을 텍스트마이닝 기법으로 분석한 결과 다음과 같다.

최근 2년간 지역관광축제를 인식하는 방문객의 반응은 대표적으로 축제, 약초, 체험, 동의보감, 건강 등으로 나타났다. 축제에 대한 후기작성 글에서 상대적으로 높은 빈도를 보는 키워드는 ‘체험’, ‘음식’이며, 이는 방문객들은 주로 체험과 먹거리에 높은 관심사를 보이고 있는 것으로 추정된다. 구체적인 반응 내용으로는 ‘판매’, ‘공연’, ‘음식’, ‘지리’, ‘건강’, ‘구입’, ‘부스’, ‘작품’, ‘장터’ 등으로 다양하게 나타났다.

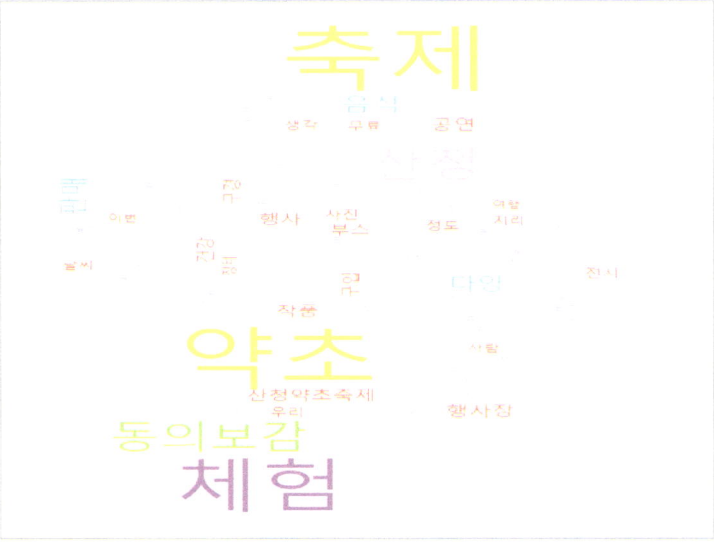

의미연결망 분석은 키워드 간의 의미가 상호 어떠한 연관성을 갖는지를 분석하는 것으로, 지역관광축제 방문객 의미연결망분석 결과는 다음과 같다.

지역관광축제는 '한방' '약초', '축제'의 단어가 긴밀하게 의미가 연결되어 있으며, '산청', '동의보감' 단어와도 여러 노드를 통해 연관되어져 있다. '지역관광축제'의 '지방자치단체와 동의보감'이 방문객에게 대표 축제이미지로 인식되고 있다.

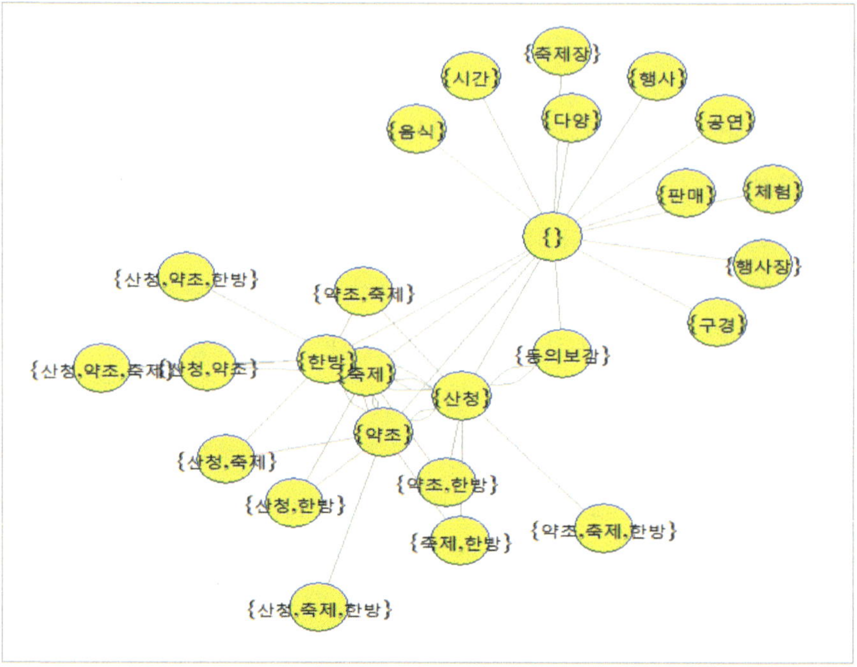

도출된 주요 키워드 간의 연관성 분석을 통해 살펴보면, 축제장과 긴밀한 관계성을 보이며, 다양한 체험과 판매, 행사(체험 및 판매) 판매를 구경하고 맛보는 것에 방문객의 관심이 두드러짐을 알 수 있다. 다만 상대적으로 다채롭게 펼쳐지는 공연에 대한 관심도는 낮게 나타났다.

키워드들 간의 근접중심성과 매개중심성을 나타내는 연관분석 결과는 다음과 같다. 축제 방문객의 SNS 반응에 대한 연관분석 결과, 지방자치단체는 지역관광축제를 매개로 하여 다양한 체험 및 관광, 먹거리를 즐길 수 있다는 인식이 이미 지화되어 있는 것을 볼 수 있다.

그밖에 체험이나 행사는 약초의 판매나 구입과 직결되는 것을 알 수 있고, 또한 건강과 음식 등 일상생활과 밀접한 연관이 있는 키워드들과 유의미하게 연관되는 것을 알 수 있다.

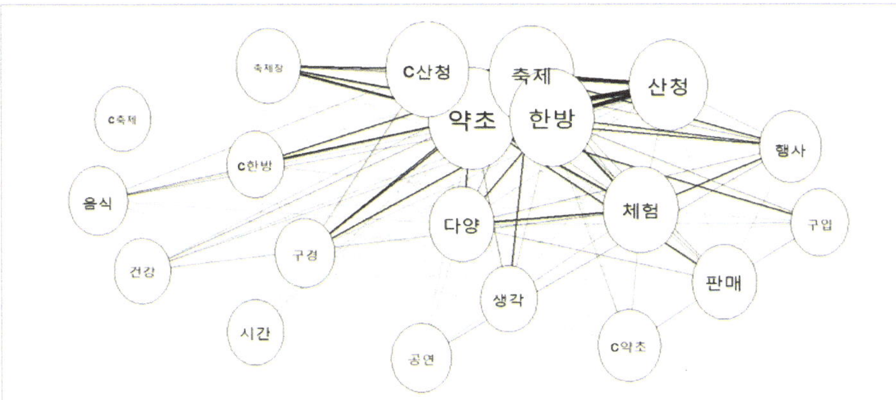
축제장
C산청
축제
산청
C축제
약초
한방
행사
C한방
음식
다양
체험
구입
건강
구경
판매
생각
시간
공연
C약초

데이터 리스트

1) 제4장 데이터관리와 코딩

    (1) “mydata1_1.csv”

2) 제6장 데이터 특성을 이용한 기본 정보분석

    (1) “khkh.csv”

    (2) “kh.csv”

    (3) “weather.csv”

3) 제8장 공간맵을 이용한 정보분석

    (1) “2018_1_0/temp”

    (2) “2018_2_0/temp”

    (3) “2018_3_0/temp”

    (4) “2018_1_0/temp.dbf”

    (5) “2018_2_0/temp.dbf”

    (6) “2018_3_0/temp.dbf”

    (7) “101_DT_1IN1502_Y_2018.csv”

4) 제9장 공공데이터를 활용한 정보분석

    (1) “공공데이터.csv”

    (2) “주관적삶의질.csv”

    (3) “공공데이터1.csv”

5) 제10장 관광데이터를 활용한 정보분석

    (1) “sanch_data.csv”

6) 제11장 SNS 데이터를 활용한 정보분석

    (1) “in4big.csv”

    (2) “커뮤니티케어.txt”

    (3) “tour.tx”

참고문헌

- 의료 빅데이터를 활용한 강원도 빅데이터 분석에 관한 연구, 강원연구원, 2017. 12.
- 비정형 빅데이터 재난안전 정보패턴 분석, 국립재난안전연구원, 2017. 12.
- 권용만 · 장인홍, 확률과 통계학[제4판], 자유아카데미, 2017.
- 권용만 · 장인홍 · 이동수, SPSS 통계분석 이해, 자유아카데미, 2017.
- 양윤석 · 오일석 · 강형래, R로 배우는 데이터과학, 한빛아카데미, 2019.
- 곽기영, 웹스크레이핑과 데이터분석, 청람, 2018.
- 안동혁 · 김선영, 빅데이터 분석 개론, 보리별, 2017.
- 이동수 · 송광윤 · 장인홍, R과 통계분석, 자유아카데미, 2017.
- 이동수 · 장인홍 · 권용만 · 김용대 · 김세진, R과 빅데이터 이해(2판), 자유아카데미, 2019.
- 유충현 · 홍상학, R을 활용한 데이터 시각화, 인사이트, 2017.
- 이지영, 빅데이터 플랫폼, 표준은 '하둡', Bloter.net, 2012.
- 최국렬 · 조대현 · 이상열 · 석경하 · 박일수 · 김유미 · 김옥남 · 김병수 · 강성홍, 데이터 마이닝의 이론과 실습, 청구문화사, 2001.
- 한국정보화진흥원, "新가치창출, 빅데이터의 새로운 가능성과 대응 전략", Vol.18, 2011.
- 한국데이터베이스진흥원, BEGAS, IOT에 기반한 Big Data 분석에서의 RTEWS, 2016.
- Andy Kirk, Data visualization: a successful design process, Packt Publishing, 2012.
- Berry, Michael J. A, Linoff, Gordon, Data mining techniques: for marketing, sales, and customer support, New York: Wiley, p.454, 1997.
- Berry, Michael J. A, Linoff, Gordon, Berry, Michael J. A, Mastering data mining: the art and science of customer relationship management, New York: Wiley Computer Pub., p.494, 2000.
- Galit Shmueli · Nitin R. Patel · Peter C. Bruce, Data Mining for Business Intelligence, Wiley-Blackwell, 2011.
- Gartner, "CEO Advisory: Bigdata Equals Big Opportunity", 2011.
- IDC, "Worldwide Business Analytics Software", 2016 Forecast and 2011 Vendor Shares Report, 2012.
- Witten, I. H, Hall, Mark A, Eibe, Frank, Data mining: practical machine learning tools and techniques, Burlington, MA: Morgan Kaufmann, p.629, 2011.
- http://blog.globalforestwatch.org
- http://biz.heraldcorp.com/village
- http://ecoresearch.net/climate

찾아보기

저자 소개

이동수
현) 세한대학교 인공지능빅데이터학과 교수
현) 사단법인 한국빅데이터진흥원 대표
현) 한국대학경쟁력연구원 빅데이터센터장

장인홍
현) 조선대학교 컴퓨터통계학과 교수

시각화를 이용한 데이터 정보분석 – R 활용 –

저 자 이동수 · 장인홍
발 행 인 김지영
발 행 처 자유아카데미
주 소 경기도 파주시 회동길 37-42
파주출판도시
전 화 031-955-1321
팩 스 031-955-1322
홈페이지 www.freeaca.com
전자우편 main@freeaca.com (대표)
editor@freeaca.com (편집)
crm@freeaca.com (영업)
등 록 제406-2003-017호, 1980. 7. 12
제1판1쇄 2020년 3월 16일 발행
제1판2쇄 2023년 3월 3일 발행
정 가 29,000원

저자와의
협의하에
인지생략

ISBN 979-11-5808-259-8 93310